HOW TO SUCCEED IN A PROJECT DRIVEN WORLD

THE PROJECT REVOLUTION

项目革命

如何在项目驱动的世界里达成目标

［西班牙］ 安东尼奥·涅托-罗德里格斯（Antonio Nieto-Rodriguez） 著

图书在版编目（CIP）数据

项目革命：如何在项目驱动的世界里达成目标 /
（西）安东尼奥·涅托–罗德里格斯著；张玉然译.
—北京：中国青年出版社，2020.5
书名原文：The Project Revolution: How to succeed in a project driven world
ISBN 978-7-5153-5970-0

Ⅰ.①项… Ⅱ.①安…②张… Ⅲ.①项目管理 Ⅳ.①F224.5
中国版本图书馆CIP数据核字（2020）第040954号

© Antonio Nieto-Rodriguez 2019
Copyright licensed by LID Publishing arranged with Andrew Nurnberg Associates International Limited
Simplified Chinese translation copyright @ 2020 by China Youth Press.
All rights reserved.

项目革命：
如何在项目驱动的世界里达成目标

作　者：	[西]安东尼奥·涅托–罗德里格斯
译　者：	张玉然
责任编辑：	胡莉萍　刘　吉　陈　楠
美术编辑：	佟雪莹
出　版：	中国青年出版社
发　行：	北京中青文文化传媒有限公司
电　话：	010–65511270/65516873
公司网址：	www.cyb.com.cn
购书网址：	zqwts.tmall.com
印　刷：	河北华商印刷有限公司
版　次：	2020年5月第1版
印　次：	2020年5月第1次印刷
开　本：	787×1092　1/16
字　数：	202千字
印　张：	14
京权图字：	01-2019-4554
书　号：	ISBN 978-7-5153-5970-0
定　价：	59.00元

版权声明

未经出版人事先书面许可，对本出版物的任何部分不得以任何方式或途径复制或传播，包括但不限于复印、录制、录音，或通过任何数据库、在线信息、数字化产品或可检索的系统。

中青版图书，版权所有，盗版必究

目 录

赞　誉　　　　　　　　　　　　　　　　　005

致　谢　　　　　　　　　　　　　　　　　017

CHAPTER 01 项目星球　　　　　　　　　019

　　　　　　　　　　　　　无声的颠覆 / 026
　　　　　　　　　　　一场席卷全球的革命 / 029
　　　　　　　　　　　我们都已是革命者 / 030
　　　　　　　　　　　　　　项目画布 / 032

CHAPTER 02 我的项目生活　　　　　　　035

CHAPTER 03 究竟什么是项目　　　　　　049

　　　　　　　　　　　项目管理又是什么 / 054
　　　　　　　　　　　　　项目的演变 / 057

CHAPTER 04 项目的正确方向　　　　　　061

CHAPTER 05 项目画布　　　　　　　　　073

　　　　　　　　　　　区域1：为什么 / 083
　　　　　　　　　　　区域2：什么人 / 090
　　　　　　　区域3：是什么，怎么样，什么时间 / 097
　　　　　　　　　　　　区域4：环境 / 121

CHAPTER 06 伟大的项目　　　　　　　　　　**129**

　　　　　　　　冰岛：破产和起死回生 / 132

　　　　　　卢旺达：最令人难以置信的重建计划 / 135

　　　　巴西库里提巴市：成为地球上最环保的城市 / 138

　　　　瑞典：车辆换侧，瑞典历史上最大的物流项目 / 142

　　　　　　　　欧元转换：牵动3亿人的变革 / 145

　　　　　　　　　　波音777：一个工程奇迹 / 148

　　　　　　　iPhone紫色项目：史上最佳商业项目 / 153

　　　　　　　　　　　　学生的现实生活项目 / 158

　　　　　　　　　　　　世界各地的非凡项目 / 159

CHAPTER 07 项目与组织　　　　　　　　　　**163**

　　　　　　　以项目为基础的新时代企业管理 / 165

　　　　董事会如何在项目驱动的世界中表现超群 / 172

　　成为敏捷组织以求在项目驱动的世界里蓬勃发展 / 175

　　　　　　　　　　　　　　　　中国方式 / 177

　　适应还是死亡：到了该改变组织结构的时候了 / 183

CHAPTER 08 项目再思考　　　　　　　　　　**185**

　　　　　　　　　　　　　　不卖产品卖项目 / 187

　　　　　　　　优先排序：目的的层级结构 / 190

　　　　组合管理：如何监督和实施所有项目 / 195

　　　　在项目驱动的世界里取得成功所需的技能 / 200

　　　　　　项目领导者将成为未来的首席执行官 / 207

CHAPTER 09 项目宣言　　　　　　　　　　　**219**

赞　誉

此书为我们在看待和理解项目的方式上带来了一次突破。安东尼奥所提出的概念不但见解深刻而且浅显易懂，必将成为每个人日常管理工具中的一部分。对于那些在项目方面胜人一筹并且需要面对日益繁多的项目的领导者和机构而言，这本书将会帮助他们在日新月异的当代世界中取得成功。

马歇尔 · 戈德史密斯
"全球最具影响力商业思想家50人"之一，
《纽约时报》畅销书《自律力》《魔劲》和《习惯力》的作者

当今时代，项目是工作的重要组件。了解项目、领导项目，在不断变化的新格局中跨领域组建团队，对新挑战所带来的新奇体验乐在其中，这些已成为人们在现代经济中获得成功的必备能力。涅托-罗德里格斯为我们指明了道路。

艾米 · 艾德蒙森
哈佛商学院诺华集团领导与管理教授，《无畏的组织》的作者一部精彩的著作！安东尼奥将项目管理转化成这本令人耳目一新、发人深省的书，它将引起每一位想要在商界取得成功的企业家和像我这样的女性的共鸣。"项目画布"的简单易行，让我得以向许多公司推介企业的疏忽及其益处。此书无疑将是我未来数年的必备指南。

克拉莉丝·哈拉瓦尼
CorpNap首席执行官兼创始人

这本书明确宣告，项目革命已经开始，而且这场革命是颠覆性的。项目存在于我们所做的每一件事中，无论是大是小，专业化还是个性化，本土的还是国际的，项目改变着我们现在和未来的生存世界，其影响无异一场改变世界的革命。从职业发展到民主政治，安东尼奥提出了项目革命巨大颠覆作用的五个主要潜在影响，以及这场革命将如何重塑世界。相信你一定想要了解这些颠覆作用将如何改变你的世界，以及你能够如何做好准备予以应对。

詹姆斯·施耐德
美国项目管理协会创始人、第一任总裁、董事会前任主席

在一个极具干扰性同时又急需保持专注的环境中，安东尼奥·涅托-罗德里格斯的书为我们带来了新的启迪。项目管理有必要为不断激增的重要商界话题提供多样性和灵活的方法。本书有助人们理解这种必要性，并为应对这种充满不确定性的挑战寻找到切实可行的解决方案。

安德烈亚斯·琼勒
哈特曼集团首席执行官

赞 誉

阅读本书后你会相信，如果项目在当前尚且还不是商业、成功乃至整个经济体领域最强大的驱动力，那么它们将很快成为——而且应当成为最强驱动力。涅托-罗德里格斯设计了一个快速、直观的工具"项目画布"，用来提高效率，让项目经理成为真正的组织领导者和变革者，以及确保项目在增加价值的同时与核心战略目标保持一致。这本书促进良好的项目管理成为有意识的和持续的，而不是偶然的——当然并非所有情况都是如此。项目远不只是参与企业运营，它更是引发企业变革、颠覆现状的催化剂，项目能够改变世界。

惠特尼·约翰逊
"全球最具影响力商业思想家50人"之一，畅销书《建立团队》的作者

在这个瞬息万变的世界里，在蓬勃发展的自由职业经济中，项目已成为提供工作机会和创造价值的新方式。此书为当前及未来的企业家们提供了在新的现实世界中获取成功所必备的行之有效的方法。

多利·克拉克
杜克大学富科商学院客座教授，畅销书《出类拔萃》和《你就是创业家》的作者

安东尼奥的新书是送给全世界项目经理的催化剂和必读书。随着许多行业的战略向更加以实验为中心转移，项目对于实现卓越的执行力来说，将变得越来越重要。因此，项目经理需要一种新的方法和思维方式。此书为你指明了方向，更重要的是，它为你提供了方法。

罗宾·斯佩克兰
战略实施的先驱，畅销书《卓越执行力》的作者

那些以目标为驱动、以价值观为导向的充满激情的人能够创造出惊人的成果——安东尼奥·涅托-罗德里格斯精彩地阐释了目标与过程的结合将会如何帮助你带领团队在当代的快节奏中斩获惊人的成果。

盖瑞·瑞吉
WD-40公司总裁兼首席执行官

在这瞬息万变的时代，项目将成为成功的企业、公共部门机构、民间社会组织，乃至整个人类的首要工作方法。在阐释项目革命的影响和意义方面，安东尼奥·涅托-罗德里格斯堪称首屈一指。对于所有希望为他人和自己构建美好未来的人来说，这是一本必读书。

瓦尔特·黛法
欧盟委员会前区域和城市政策总干事

此书是一本介绍项目管理必备基本技能的简明易懂的书。安东尼奥·涅托-罗德里格斯收集了大量的故事和数据来证明他的一个观点，即所有商业领袖在某种程度上都是项目经理。毫无疑问，这种说法是正确的。

英格玛·霍曼
《哈佛商业经理》高级编辑

这是一次引人入胜的、国际视角的，同时又有统计支持的对项目管理领域深刻见解的汇集和反思。本书探讨了项目智能正在如何帮助现代领导者们以更迅捷的方式实现创新、适应并取得成果。

托德·哈奇森
国际法律项目管理协会全球主席

赞誉

项目在人们的生活中无处不在,安东尼奥非常擅长从那些表面上令人望而却步的问题中分析和萃取关键信息。他以其既风趣又务实的风格,将自己的分析、研究和多年的经验提炼成让任何一位读者都能掌握的宝贵学说和教学要点。

琳茜·多明戈
Bridges to Prosperity 受托人,安永及普华永道会计师事务所前合伙人

安东尼奥·涅托-罗德里格斯是先知先觉的人,他通过此书将最新的信息传递给我们。我的所有工作都已经是以项目为基础的,如果你的还不是,那么它很快就会是的。当那一时刻到来时,这本书将成为你不可或缺的指南,它会告诉你做什么以及如何去做。以其极高的可读性、深刻的启发性和非凡的实用性,此书将成为所有工作者的必读书。

彼得·布格曼
布雷格曼合伙人公司首席执行官,
畅销书《18分钟》《四秒钟》以及《以情绪勇气领导》的作者

无论你是在跨国公司还是在小型企业工作,人们的工作方式都在发生着变化。正如安东尼奥·涅托-罗德里格斯强有力地证明的那样,项目是工作能够得以完成的基础,运行良好的项目是成功与失败(更有甚者是无休止的惰性)之间的分水岭。虽然项目本质上具有临时性,但安东尼奥的思想和体系却具备永久性的价值。我已整装待发,去拥抱项目革命!

莱恩·乔尔森·科恩
花旗集团领导和执行发展总监、执行教练

身处革命浪潮中的人，往往意识不到它的存在。值得庆幸的是，安东尼奥·涅托-罗德里格斯用他丰富的专业知识和经验加工提炼出一份强而有力的宣言，宣告项目革命即将到来。而那些能够领导团队以项目为基础将创意变为现实的人们将会组成项目的大军，在塑造社会、政府和产业未来等方面发挥关键性作用。假如你甘冒风险，请忽略这本书！

托尼·奥德里斯科尔博士
杜克大学富科商学院适应性战略执行项目学术主任

安东尼奥是在透过项目的棱镜生活、呼吸、观看，同时最为重要的是，阐释管理。他对项目的描述引人入胜，这是他在职业生涯中所积累的深厚阅历的结果。可以毫无疑问地说：带着微笑和必要的自嘲，安东尼奥带来了一场项目革命。

曼努埃尔·亨斯曼斯
布鲁塞尔自由大学索尔维经济与管理学院战略学教授，
畅销书《战略转型：变革与胜利》的作者

此书中所包含的有关项目管理领域的工作方法绝对是最佳的，这些方法可以被轻松地应用于任何项目管理举措或计划当中——而且与我们在最佳案例研究中心所提倡的方法恰好吻合——无论是在机构改革、人才管理，还是运营/战略变革方面，本书中所提到的工作方法、原则和现实世界的实用主义，都是对快速转变节奏的呼应，而后者是在实践中实现灵敏、快捷的周期部署，同时又不失高度的精准度和卓越性所必需的。

路易斯·卡特
最佳案例研究中心首席执行官兼创始人，《在伟大的企业中》的作者

赞誉

安东尼奥能够从广泛的视角看待项目管理，这是我最喜欢这本书的地方。一旦意识到生活中的许多事情其实都是项目，你对实实在在的项目管理技能的需求就会变得更加明确。在过去的几年里与安东尼奥的合作让我清楚地意识到，项目管理的基本技能是全方位的，在职业——甚至是私人生活的各个方面，你都可以从中受益。

阿斯特丽德·德瓦埃勒
弗拉瑞克商学院高管教育高级客户经理

项目管理是未来技能组合方面的无名英雄。安东尼奥·涅托-罗德里格斯的此书以其全球化的思维方式、严谨的数据和极具魅力的风格，揭示了我们每个人都应该培养项目思维的必要性，书中的深刻见解对于所有希望创新和紧跟未来趋势的领导者和专业人士来说都是至关重要的。你是否曾经读过一本让你欲罢不能的项目管理书？欢迎阅读此书。

艾丽莎·科恩
2018年《INC》杂志100强领导者之一

很显然，我们正生活在一个指数增长的时代，然而呈指数增长的技术汇聚之后所能产生的影响却没有那么的显而易见。这种影响将改变企业为了生存而必须做出反应的方式。我相信，正如罗杰·马丁所言，企业将不得不抛弃现有的范式，朝着项目管理文化的方向转变。安东尼奥将这些想法落实到了这本书中，我们所有人都应该将其视作必备的工具。

费德里科·费尔南德斯·德桑托斯·奥尔蒂
Executive Excellence 高级编辑

THE PROJECT REVOLUTION

在这个变幻莫测的时代，此书用基于项目的生活、工作和组织方法取代了各种传统的路线图，这是每一位渴望将创意变成现实的人的必备读物。

爱塞·伯赛儿
《设计您所喜爱的人生》的作者，《快速企业》杂志最具创造力的人物之一

安东尼奥清晰明确地阐述了工作正在如何以及为何朝着项目方向倾斜。更重要的是，他的架构和故事能够让人们感到对成功启动和领导项目胸有成竹，并且跃跃欲试。

迪帕·普拉哈拉德
商业战略家，意见领袖，《设计的魔力：心理美学带来的商业奇迹》的共同作者

安东尼奥的此书是对项目驱动的世界的一次了不起的深入探索。本书从一个令人信服的全球视角，为我们展示了项目方法如何促进思考、创新以及以客户为中心的理念，它促使我们重新思考组织机构的创新方式。

马克·格雷恩
洛桑高等商学院创新与战略教授，《中国商业生态系统》的作者

随着商业周期的不断缩短以及"一切照旧"概念的几乎荡然无存，项目对于组织机构来说变得愈加重要了。通过这本书，项目经理们能够从安东尼奥的国际经验中汲取养分，并感受他对项目管理发自内心的激情！

史蒂芬·斯莫尔本恩
Euronext投资组合管理主管

赞 誉

组织机构变得越来越受项目驱动，此书对于每一位希望成功执行极具竞争性和复杂性的项目的领导者来说都是本必读书。安东尼奥分享了他丰富的项目管理知识，同时提供了有关如何利用新工具来有效管理众多项目的独到见解。

苏珊娜·戈麦斯·史密斯
Mind in Camden 慈善机构受托人，英国桑坦德银行前董事总经理

近年来，人们做过许多次努力试图唤起高层管理者和政治家们对项目和项目管理的注意。不幸的是，其结果远不尽如人意。通过这本书，我坚信安东尼奥一定会引起决策者们的注意，并且能够让他们相信，我们所在的世界以及几乎所有的组织机构都是以项目为基础的，因此，领导者、管理方法和管理制度都应该更专注项目方面。

马可·桑比特罗
博科尼管理学院项目管理和敏捷管理实践副教授，
《授予项目团队自主权：利用项目伙伴关系提高绩效》的作者

你只要读完第一章就会意识到，安东尼奥为我们预见了未来即将发生的全球化的转型，这些转型将会影响领导者们战略性地规划项目以及灵敏地执行项目的方式。我非常欣赏安东尼奥将真实的项目历史与定量趋势分析综合在一起的能力，它让我能够更好地理解项目的未来。

史蒂夫·德尔格罗索
IBM全球企业咨询服务部卓越项目管理中心前主任，
2014年项目管理协会主席，项目管理办公室布道师

THE PROJECT REVOLUTION

安东尼奥将项目管理这一通常被视为过于技术性或是被企业领导者忽视的话题变得生动形象起来。读者们会发现，有效的项目管理对于解决实际问题和挑战至关重要，而解决这些问题和挑战的方案却往往不被视作项目，这本书是对传统话题的全新解读。

法布里齐奥·萨尔瓦多
西班牙企业学院运营与技术教授兼应用研究主任

此书是各级领导者们的必读书，从这本书中他们能够从宏观及微观的概念性角度，理解项目是如何以一个沉默的颠覆者的角色影响机构的。最重要的是，安东尼奥还给出了引导项目成功的路线图，以及需要避免的常见潜在危险。这是一本实用性极强同时又发人深思的好书，这是安东尼奥的再次重磅来袭！

塔沃·戈德弗勒森
Skillsoft副总裁兼领导力解决方案执行制片人，Five@5:00 创建者

在此书中，安东尼奥观察到"项目已经成为我们这个时代的经济引擎，这一现象的出现悄无声息，然而却异常强大和极具颠覆性"，无论你是否愿意相信它的重要性。现实情况是，借助他有好有坏的个人经历，以及他对全世界各种项目的潜心研究，安东尼奥能够预见未来。事实上，这里所讨论的不仅仅只是项目和计划，而是一个通过项目有效并且有利可图地管理整个世界的整体设计。如果你想参与其中，就请读一读安东尼奥最新出版的书，来从中获取实用的指导。

麦克斯·威德曼
Project Management Wisdom 创始人，威德曼教育基金会（加拿大）创始人，项目管理协会首个项目管理知识体系文件的主要作者

赞誉

从我第一次见到他时起,安东尼奥就始终坚信,人类的成功在于人们以项目为中心进行组织管理的水平。从那时起,他就一直在机构和政府的高层中倡导项目管理,这一历程为他赢得了我们这个时代最重要的管理思想家之一的美誉。在此书中,安东尼奥帮助我们做好准备,去引领这个项目驱动的世界,并且在其中发挥重要作用。

尤汉·阿布拉汉姆斯
伦敦公路基础设施运输投资经理,项目管理协会英国分会前主席

ACKNOWLEDGMENTS 致谢

致　谢

　　写书是一个极其复杂的项目，当第一份印本送到你面前时，你会体验到极大的满足感，然而这项工作却犹如你心中的一次旷日持久的马拉松，常常会持续数月，甚至数年。当截稿日期快速逼近，而你却还有好多页要写时，压力也会加速升级，如果完工的日期是在盛夏，并且恰好是在某届世界杯之后，那么其挑战性会更大。

　　这样的一项工作如果没有家人的支持是不可能完成的。感谢我非凡的妻子——克拉丽丝，我优秀的孩子们——劳拉、亚历山大、塞尔玛和卢卡斯，我充满爱心的父母——玛丽亚·何塞和胡安·安东尼奥，以及我才华横溢的兄弟——贾维、伊纳基和何塞米格尔。

　　我还要感谢斯图尔特和黛丝的建议，以及LID出版公司团队对我工作的信任。同时衷心感谢所有为本书分享他们的故事以及那些公开推荐本书的了不起的人们：非常荣幸能有这样一些世界级专家为项目革命站台。

　　最后，我还想把这本书献给数以百万计的项目经理，他们以自己辛勤的工作，默默无闻地为创造更加美好的新世界贡献着力量。

CHAPTER 01
项目星球

从我们的日常生活到职业生涯，
从企业到政府，从个体到国家，项目是一种新的现实。
欢迎来到项目革命。

CHAPTER 01 项目星球

2010年8月5日，星期四，下午2点，智利阿塔卡马沙漠

随着一声巨响，地面晃动着，剧烈地颤抖着。地下深处，圣何塞煤矿已经坍塌。这是一场可怕的灾难，但也并非完全出乎人们的意料。在此之前的十多年间，由于地质的不稳定性，这个老旧的矿山已经发生过一系列伤亡事故，最终导致了这场灾难。一块巨大的岩石滑落，阻挡了进入矿井的通路，矿井入口附近的一群矿工成功逃生，然而另外33个人却被深深地困在了距地下700米矿井出口5公里处，紧急救援人员无法与被困矿工取得联系。

20分钟后，智利矿业部长劳伦斯·戈尔本（Laurence Golborne）拨通了总统的电话，向他通报了这一悲剧性事故，当时总统塞巴斯蒂安·皮涅拉（Sebastián Piñera）正在出访哥伦比亚。而就在这次事故发生前不久，政府部门刚刚因其在2010年2月智利地震和海啸中的应对工作而遭到社会各界的严厉批评，那次灾难夺去了500名智利人民的生命。皮涅拉总统决定缩短行程，立即返回智利，前往矿难现场。2010年8月7日，在130名救援人员连续工作两天之后，皮涅拉总统到达了智利北部、事故矿场以南45公里处的科皮亚波，他召集各级官员对局势进行评估，听取了最新的不利情况的报告——另一块巨石滑落，挡住了能够用来搜寻矿工的唯一通道。而不幸的是，矿难往往是致命的。尽管救援人员已经进行了两天的搜索，但人们依旧不清楚这33名矿工是否还活着。总统被告知，找到这些矿工的希望十分渺茫。

皮涅拉总统清楚他需要做出一个生死攸关的决定，一个有可能葬送他任期的决定。大家都知道，找到这些矿工的可能性非常小，而他们被找到后还活着的可能性更是微乎其微。而且，救援任务对于所有参与救援的人员来说也是极其危险的，有更多的人可能会失去生命。皮涅拉总统是否应该启动寻找矿工的项目？他是否会简单地承认成功的可能性为零，然后希望智利人民很快忘却这场悲剧？

2010年8月7日，星期六，下午3点，澳大利亚珀斯

当皮涅拉总统正在为有可能断送其事业前途的重大决策而进行激烈的思想斗争时，在世界的另一边，一个阳光明媚的下午，一座面朝大海的小教堂里，玛丽·史密斯和马特·琼斯正在相互说着"我愿意"。玛丽母亲的眼里闪烁着喜悦的泪花，看着女儿穿着漂亮的白色婚纱，实现了她的梦想，两个新人的家人和朋友们用长达两分钟的掌声庆祝这一美妙时刻。离开教堂，婚庆队伍将前往圣雅克——一家位于珀斯港湾附近的高档餐厅。

玛丽和马特将婚礼的日期定在2010年8月7日，与马特求婚的那天正好相隔18个月。他们的朋友都认为马特和玛丽都不擅于做长期规划，因为他们本身就不喜欢做这种事。如果一件事有最后期限，他们肯定会逾期，而且从来都不会提前做计划。他们绝大多数的决定都是临时性的，经常是直到最后一刻还在更改。然而，这一次却是如有神助，他们以科学的精准度遵守了期限，婚礼举办得非常成功。

做出结婚的决定后，玛丽和马特就立即开始选择最合适的日期。他们决定慢慢来，不给自己太大压力。距离2010年8月大约18个月的时间，这足够他们用来准备心目中的婚礼——很特别但又不太过夸张。寻找结婚的地点很容易，因为玛丽已经想好了，她希望在父母当年结婚的地方结婚。选择好饭店之后，他们查询了一下哪些日子还没有被预约，最后决定在8月7日举办婚礼。接下来，他们用一杯咖啡的工夫仔细想了想举办一次成功的婚礼所需的各种活动。他们对工作进行了分解，确定了每一项任务由谁来负责，并且添加上预计完成的日期。然后，他们以牢记在心的大日子为起点沿时间线往回看，将所有不同的重要活动插入其中。于是他们就有了人生中的第一次项目计划，他们的朋友们表示这有可能是他们的最后一次计划！

玛丽和马特对自己做的项目计划自然感到兴奋不已，因为这是他们两人共同做出的重大决定，是他们自己的选择。他们每天都在谈论着婚礼项目的进展情况，并在必要时做出调整。他们还从马特的姐姐和玛丽的闺密那里求取真经，因为这

两个人都是刚刚结婚。好日子日渐临近，他们的压力也日益增加，甚至连晚上做梦都会梦见没能如期举办婚礼。他们从未感受到过如此巨大的压力，但是他们发现这种压力可以帮助他们集中精力完成遗漏的任务。他们的项目取得了巨大的成功，尽管他们感到不可思议，但一切都是按计划进行的。婚礼气氛温馨且令人难忘，所有人都享受着这个仪式和精美的宴会，他们开心地跳舞，一直到下午4点。琼斯夫妇永远都不会忘记这美妙无比的一天。

2010年8月7日，星期六，上午8点，德国柏林

在舍纳费尔德的一个建筑工地，距市中心18公里的地方，三个人聚在一起估算着新柏林机场项目的时间轴和成本。4年的施工，项目的开支已是最初估值的两倍。成本的低估，大规模的更改，施工的缺陷，所有这些都对项目的质量和时间轴造成了影响。原本计划在2011年10月30日开放，现在看来是极不现实的。柏林机场项目总管翟克·马科斯摘掉安全帽，坐下来和两个同事一起再次研究时间安排问题，所有的人都需要在星期六的早上开始工作。

不过，新机场的愿景依然是有说服力的，其目标之一是让柏林勃兰登堡机场成为德国最繁忙的机场，每年预计迎来4500万名乘客。原计划打算用它取代柏林舍内费尔德和柏林泰格尔两座机场，从而成为服务柏林及其周边勃兰登堡州的单一的商业机场。

计划很周密，机场的可行性研究和前期计划用了大约15年时间。2006年项目施工启动，并预计用5年的时间完成机场建设。然而，在施工过程中人们逐渐发现由于糟糕的估算和设计上的重大改变，机场的造价远远高出了原计划。对原始规模的修改给成本和时间轴造成了十分严重的影响，在施工的过程中，一位重要的利益相关者——机场管理公司总经理莱纳·施瓦茨，认准了对航空客流量增加的预测，要求建筑师为主航站楼添加南北"登机指廊"，将矩形变为U形，并

大幅扩大了地面空间。后来施瓦茨甚至还幻想着将机场变成一家豪华购物中心，要求在原计划中插入新的一层楼，里面不仅有商店和精品超市，还有美食广场。

这一项目的发起人和监事会主席是当地的市长克劳斯·沃维莱特，2010年8月，马科斯与他的同事们开会讨论，要求不推迟开业日期对施瓦茨和沃维莱特是有压力的，他们不愿意承认问题的存在，马科斯还是决定将有关问题公之于众，并提出了新的开放日期——2012年6月3日。

第二天，在一个挤满了政府官员和新闻记者的大厅里，施瓦茨与包括市长沃维莱特在内的四人坐在一张桌子后面，宣布了一条让人难以想象的新闻——机场将无法按计划开放。

这只是一场大溃败的前奏，在我写这本书的时候这场溃败仍在进行中。距原计划的开放日期（2011年10月30日）已经过去了大约8年，而此时，新的柏林勃兰登堡国际威利布兰特机场，曾一度被宣传为欧洲"最现代化的机场"依然没有开放。最新的承诺是，机场将在2020年对外开放，总预计成本为79亿欧元，比曾经批准的54亿欧元的预算高出近50%。这个项目俨然已成为一个79亿欧元的尴尬项目，与另外两个臭名昭著的失败项目——斯图加特21，一个超过预算20亿欧元的火车站以及一座8.65亿欧元的汉堡音乐厅，共同破坏了德国在秩序、效率和精湛的工程技艺方面的声誉。

2010年8月7日，星期六，下午3点，智利阿塔卡马沙漠

与此同时，让我们把画面转回到智利的科皮亚波。聆听了数小时的救援小组工作报告之后，皮涅拉总统清楚地意识到，找到矿工并且保证他们还活着将是一项极其艰难的任务。会后，他来到圣何塞矿场附近散步。他做出了将带来惊天动地的后果的决定，他让新闻秘书在接下来的一个小时内召开新闻发布会。工作人

CHAPTER 01 项目星球

员架起了来自南美洲最偏远的地区的高科技通信的全套设备，与此同时媒体纷纷聚拢过来。皮涅拉总统知道全国人民都会观看这场新闻发布会，他宣布他和智利政府决心营救这33名矿工，政府将为救援队及时提供一切必备的工具和资源，以期将矿工们活着救出来。尽管他的内心充满了疑虑，但他相信总统的任务之一就是拯救人的生命。

第二天，皮涅拉打电话给智利最优秀的采矿工程师安德烈·苏加雷（Andre Sougarret），并说服他挂帅上阵，领导救援工作。一个由700名工人组成的团队被派往圣何塞矿场，在名为"希望营地"的基地营驻扎下来。矿业部长劳伦斯·戈尔本破天荒地第一次全天候驻留营地领导救援工作，并代表总统行使权力。在那一刻，矿工家属们迫切希望得到有关亲人们的消息，然而第一次寻找矿工的努力失败了。戈尔本承诺，一定要确保救援情况沟通信息的完全透明化，家属们每隔两个小时会得到最新信息的通报。

尽管遭遇了挫败，但救援人员和矿工们依然士气高昂，所有人都在为实现同一个目标而奋力工作着。传统的采矿勘探技术有可能需要12个月才能找到矿工，因此这种方法不可行。智利国家石化公司（ENAP）提供了用于识别石油井的先进的声呐技术，帮助寻找矿工，这是举国上下齐心协力参与救援工作的一个范例。

在接下来的17天里，媒体和一群专家对救援工作、搜索位置和使用技术展开了批判性讨论。来自要求进入矿场的家属方面的压力也在逐步升级，一旦出现问题，无论在政治上还是在司法上，其代价将是极其巨大的。但是，在8月22日星期日凌晨5点，戈尔本被工程师主管叫醒，得知他们已经突破了一个矿井避难区。尽管还不确定矿工们是否还活着，但他们确信已经找到了矿工的位置。当挖掘设备升出地面时，他们在一个通风管道中发现了一张纸条，上面写着："我们很好，在避难区，33人。"

2010年10月13日星期三，这一天刚刚开始几分钟后，第一名矿工，佛罗伦西奥·阿瓦洛斯（Florencio Ávalos）乘坐着由NASA协助开发的凤凰号救生舱从地下700米处升至地面。接着，在皮涅拉总统、戈尔本部长和所有家属们的注视下，以大约每小时一人的速度，所有33名矿工全部获救，所有人都活着，并且没有生命危险。这一天距事故的发生已过去70天，迄今为止，这是矿业史上规模最大、最成功的一次救援，而有关它的媒体报道也是规模空前的，大约有10亿观众观看了相关报道，观看人数仅次于2009年迈克尔·杰克逊的葬礼。

令人难以置信的智利矿工营救、令人难忘的玛丽和马特的婚礼以及糟糕透顶的依旧迟迟不见踪影的柏林机场，这三个例子是发生在同一时间的三个迥然不同的项目，所产生的结果也各不相同，其中两个非常有积极意义，一个则绝对是依然未醒的噩梦。

这些实例证明了项目在个人和组织手中的力量，项目可以挽救生命，可以提升生活品质，可以改变世界的景观。

无声的颠覆

我进一步深入地探求了隐藏在项目成功与失败背后的真正原因，而在这个过程中，我发现了一些令人赞叹的伟大成就。

比如在卢旺达，近代人类历史上的一次惨绝人寰的种族灭绝大屠杀后，大智大勇的领袖保罗·卡加梅总统决定通过实施"卢旺达重建与和解计划"改变国家的命运。20年后，92%的卢旺达人感到内心平和。而且这个曾一度被彻底摧毁的国家如今已跻身于非洲最先进国家的行列，同时也是世界上女议员占比最高的国家之一，其占比达到了56%。

除此之外，我们再来看一看新加坡的崛起。1961年，新加坡还是一个破败的前英国贸易殖民地，如今，它是世界上最具竞争力的经济体之一。总理李光耀的愿景是建立一个经济稳健的、足以为后代提供强大支撑的国家，其项目包括建立法治、有效的政府结构、持续打击腐败和维护国家整体稳定。作为其项目集的基石，政府为全民普及的顶级公共教育制度制定了严格的标准，精明地将人力资本确定为新加坡的关键竞争优势，并辅以严格的精英管理制度。新加坡被认为是世界上最精心规划的城市之一。

另外，迪拜也同样如此，它是一座由沙漠中的小渔村转变而来的充满活力的现代化都市。也是借助一个雄心勃勃的项目，丹麦小城欧登塞一跃而成为欧洲最具创新性的机器人中心之一，巴西的"绿色之都"库里提巴成为拉丁美洲最环保、最可持续发展的城市之一。

再回想一下2002年欧元的创立，1967年9月3日的夜里瑞典决定将交通规则从道路的一边换到了另一边。

一些伟大的科技成果，从本质上看就是出色的项目。例如：在20世纪60年代末，约翰·肯尼迪实现了人类首次登月的愿景，飞机制造业技术性杰作波音777的诞生；2006年的"紫色计划"，推出了第一部智能手机iPhone，改造了整个电信行业。

最后同样值得一提的是那些数以百计的了不起的个人项目——在极度艰难的逆境中取得成功以及借助项目实现的个人梦想。

所有这一切并非只是新时代的产物，项目是永恒的、普遍存在的。埃及金字塔的建设、现代城市的开发、马歇尔计划、阿波罗太空计划、欧盟的创立，所有这些成就都是以项目为手段将想法变为现实的结果。基于项目的工作是创造人类文明重要成就的引擎，它激励社会向前发展，并且常常会突破长期固定的科学和文化的樊篱。

项目改变世界，项目让不可能的梦想成为可能。

行为科学和社会科学都支持这样一种观点，即有一些工作和协作方式对于从事项目工作的人来说尤其具有激励性和启发性，其中包括项目应该有远大的目标、更高尚的使命和明确的期限。你可能已经注意到，整个职业生涯中给人留下最深刻记忆的，往往是自己所做过的项目，无论这个项目是成功的还是失败的。

最新研究显示，在基于项目工作人数将从6,600万（2017年）增加到8,800

万（预计2027年）。以项目为导向的全球经济活动的价值将从12万亿美元（2013年）增长到20万亿美元（预计2027年），那些数百万的项目每年需要数百万的项目经理。

项目的大军正在挺进，图1通过一个实例说明了这一来势凶猛却又悄无声息的颠覆力量。从这张图表我们可以看到，基于以 Google Ngram Viewer①作为工具的研究，"项目"这个词在1900年至2000年间发布的海量印刷资料中出现的次数，以及它与"策略""运营""销售""领导""创新""人才"等其他常见的管理和商业术语之间的比较，这就是我所说的项目革命。

这股沉默的颠覆力量正在影响的不仅仅是组织机构，它甚至已经波及工作性质本身以及我们整个的职业生涯，前辈们忠诚一家企业的传统职业道路如今已成为遥远的记忆。今天，人们愉快地、卓有成效地频繁地换工作、换老板。我相信这种趋势会越来越明显，而职业将会变成一系列的项目。另一个与此相关的显著趋势是个体经营数量的增长——根据一家人力资源咨询公司 Quartz at Work 的调查，截至2020年，为自己打工的美国人的数量可能会增加两倍，这些人将会有效地管理各种项目。

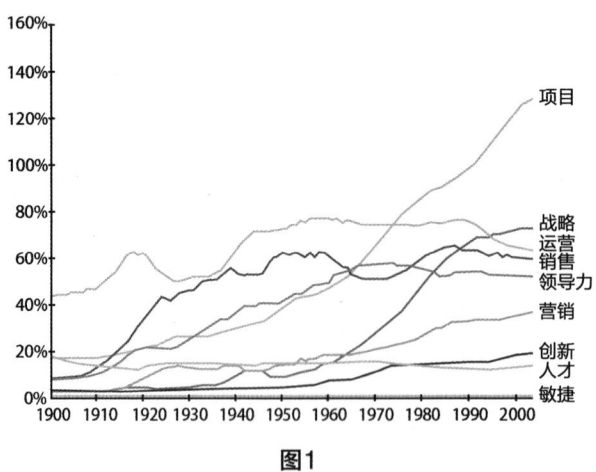

图1

① Google Ngram Viewer：在线搜索引擎，可以通过对1500年到2008年之间能够查询到的印刷资料源的年度进行计算，用图表显示出任何单词的出现频率。

根据 Google Ngram Viewer 的统计,"项目"在上述这组常用商业和管理用语中是使用频率最高的一个,而且其流行程度有增无减。

一场席卷全球的革命

看得越多,就越能发现生活中更多的项目,我这里有很多例子。

比如,2016年12月,美国参议院一致通过了《项目集管理改进与责任法案》(PMIAA),旨在强化整个美国联邦政府内部在项目管理和项目集管理中的问责制和最佳实践,该法案将通过以下四项主要措施对联邦政府项目集管理政策进行改革:

- 在联邦政府为项目集经理创建一系列正式的工作职位和职业发展路径。
- 在联邦政府建立基于标准的项目集管理和项目管理政策。
- 积极肯定行政支持与参与的重要作用,在联邦政府机构委任行政主管负责项目集管理和项目管理的政策及战略。
- 跨机构组建项目集管理委员会,实现项目集管理成功经验的分享。

在英国,2017年1月6日,项目管理协会被授予了皇家特许状。此项荣誉的获得标志着项目管理发展过程中的一项重大成就,它将会为正在从事以及有志从事该领域工作的人们带来积极的影响。皇家特许状承认项目管理职业,奖励捍卫和支持该项事业的协会,为项目专业的人才提供机会。

我这里还有一份笔记,上面记录着在一次会议上,某位资深的IBM人才主管说过的话——不久的将来,IBM将不再有岗位说明这一说法,而只有项目说明。听起来这像是一种进步!

其实,不只是IBM的这位主管这样说,理查兹集团(The Richards Group)是美国最大的独立广告公司,市场规模12.8亿美元,企业收入1.7亿美元,员工人数超过650人。其创始人兼首席执行官斯坦·理查兹（Stan Richards）撤销了公司内部几乎所有的管理层和职务名称，只留下了项目经理这一职称。

还有一个例子，2016年，耐克计划为其在欧洲总部的一个岗位招募人才，这项工作的岗位说明是"欧洲、中东及非洲（EMEA）地区企业战略和发展经理"。按照传统的惯例，这样的工作岗位通常要求应聘者具备战略规划、市场分析以及竞争情报收集和分析的能力。但令我感到惊讶的是，这一岗位竟然被描述为"项目管理"。这就意味着，耐克寻找的是能够协助其战略职能部门实施横向和战略性项目的人才，这是关注焦点和企业文化的明显转移——从规划和日常活动转向实施和项目。而耐克也并非一枝独秀，我在UPS、亚马逊和其他公司也看到了类似的战略职能部门的岗位说明。

我们都已是革命者

项目已经成为我们这个时代的经济引擎，这一现象出现得悄无声息，然而却异常强大和极具颠覆性。这股来势汹汹的颠覆力量所影响的不仅仅是组织的管理方式，我们生活的方方面面都将变成一系列的项目。我在本书中将通过以下几个方面阐述其所产生的重要影响：

- **教育**：几个世纪以来，人们都是通过大量地读书、背书来学习知识。如今，先进的教育制度已经将教学项目的概念应用于教学，而且从早期教育阶段就开始了。事实证明，应用理论并通过项目进行实验是一种更加行之有效的学习方法，这种方法很快就会变成一种常规，而这对人们的受教育方式以及教育机构会产生怎样的影响呢？
- **职业**：以前一个人的职业生涯在一家组织机构中就全部完成了，在整个20世纪里，大多数人都只为一家企业工作。而今天我们有可能会为多家企业工作，有时还极有可能会成为自由职业者，主要从事项目工作。应对这种职业的最好办法是把它视为一系列的项目，将你在以往的工作、公司和行业中积累的经验应用到这些项目中，同时在这个过程中培养和提高自己，为下一步尚且未知的职业发展做准备，基于项目的职业对雇主和雇员又意味着什么？

- **企业管理**：董事会对价值创造和实现长期的组织成功具有至关重要的作用。在当今这个瞬息万变的时代，引领方向以及对各项举措进行优先排序已成为董事会必备的基本能力。如果一个组织实施的战略性项目过多，而同时又没有来自顶层的、明确的优先级排序，那么任何一个项目都无法得到充分的关注，各团队会互相抢夺资源，对某些项目承诺的资源不会被兑现，大多数项目最终都无法与最初的成本、时间和效益估算保持一致。反过来，身处管理层的董事们无视自己在这些问题上应尽的职责，体现了在企业管理上的弱点，而这一弱点会给企业带来毁灭性的后果，令企业价值大幅缩水，而且往往会让公司濒临破产的边缘。我们应该如何对组织进行重组和管理，才能让项目创造的价值和项目的影响力最大化？

- **民主**：政治体系在全世界所体现出的现时危机，促使学者们以及各界人士提出了各种治理国家的新方法。一个最具革命性的实验性举措发生在爱尔兰，2012年，爱尔兰政府制定了《宪法公约》，旨在处理一系列潜在的宪法改革问题，包括是否应该改变选举制度，是否应该改革议会，其独到之处在于每一个问题都是通过项目解决的。公约成员的三分之一是爱尔兰议会成员，三分之二来自普通的公民，这些公民成员是从爱尔兰民众中随机选出的，并且是在有限的时间范围内为该项目服务。那么，民主将如何通过项目得以重塑和振兴？

- **经济理论和富裕指标**：社会的进步历来都是根据购买力或人均收入来衡量的，但真正标志社会进步的却是其背景中的另一件东西——社会和个体在整个历史发展过程中都在项目执行能力方面取得了进步。当世界还比较具有可预测性时，基于经济理论得出的传统指标没有问题，然而这种情况已是一去不复返。在不久的将来，人们研究经济指标的依据可能是一个国家或企业执行项目的实际能力，用这一指标来衡量经济和社会实力可能更恰当，经济学家应该采用哪些新的与项目相关的指标来衡量实际的社会进步与繁荣呢？

我的预测是，到2025年，在任何一个行业或领域，高层领导和经理们都会将其全部时间的至少60%用于选择项目、安排项目优先级和推动项目的执行。我们每个人都将会成为项目的领导者，哪怕你从未接受过相关的培训。

在这一片新天地里，项目将成为实现变革和创造价值的基本模式。例如在德国，企业大约40%的营业额和活动都是以项目的形式实现的，而这种趋势在将来也只会有增无减。事实上，大多数西方经济体中都存在类似的比例。这一数字在中国及一些其他亚洲主要经济体中甚至更高，在这些国家中，基于项目的工作已成为其经济崛起的一项重要因素，所谓的零工经济就是由项目驱动的。毫无疑问，我们正在见证项目经济的崛起。

令人欣慰的是，基于项目的工作是以人为本的。我相信，基于项目的工作会提高对人的关注，因为项目无法由机器来执行，项目工作必须由人类来完成。人类必须团结在项目目标的周围，分工合作、紧密团结、积极互动、关注情感，由此才能建立起一个高效的团队。当然，技术自然会在项目中发挥作用，技术可以改善项目的选择，提高项目成功的机会。但技术只是一个推动因素，而不是目标。引领项目革命的将是人，像你一样的人，而不是机器人。

项目画布

本书的主要目的之一是为读者提供一个简便易用的框架，帮助他们在项目驱动的新世界里取得成功。从小规模的个人项目（如房屋装修）到1994年种族灭绝屠杀后的卢旺达重建，在研究了数百个成功和失败的项目案例之后，我开发了一个简单的工具——项目画布（Project Canvas），这是一个任何个人、团队、组织或国家都可以使用的工具。

该框架涵盖了每个人都应该了解的项目的基本原则和基础知识，既实用又易于操作。这是一个经过验证的可靠性工具，它会帮助你更成功地领导项目和实现自己的梦想。

项目画布由以下四个主要的区域组成，每个区域又分为14个维度：

- **为什么（why）**：基本理由（rationale）和预期收益（expected benefits），以及成功启动和实施项目的目的和激情（purpose and passion）。
- **什么人（who）**：问责制（accountability）和企业管理体系（governance），用以确保项目的资源筹备及交付。
- **是什么（what）、怎么样（how）、什么时间（when）**：项目的硬要素（定义、设计、计划、里程碑、成本、风险、采购）以及软要素（动机、技能、利益相关者、变革管理、沟通）。
- **环境（where）**：项目实施所处的组织、文化、优先事项和背景（内部和外部）。

所有相关细节将在第五章中详细介绍，我希望你能从阅读本书中收获乐趣和知识。

CHAPTER 02

我的项目生活

我们以项目为单位度量自己的生活，
可以从中学到什么？

CHAPTER 02 我的项目生活

这25年来,我一直在研究、引领和从事着项目工作,这个过程充满了沉浮波折、反复试验、怀疑与确信,以及误打误撞的成功。

我的职业生涯始于优利系统公司(Unisys),这是一家国际化的信息技术公司。我在公司的职位是订单录入分析员,日常工作是完成一系列例行任务,例如处理客户订单、确保主机投入生产、监控产品交付流程等。工作了六个月后,我被邀请参与一个战略性的项目——建立一个覆盖欧洲、中东和非洲的共享服务中心(SSC),项目的目标是通过整合位于阿姆斯特丹某个中心内的所有事务部门和行政部门的活动来降低成本,提高服务质量。我的老板给我提出的唯一要求是,必须在完成订单录入职责之余去做这件事。

我很快开始对订单录入工作感到厌倦,转而爱上了项目中的工作,尤其喜欢那种通过创新给公司创造更多利润的挑战。然而,我也很快意识到,我的日常工作才是老板给我指定的首要任务,我开始认真完成自己的本职工作,但这样一来,我就不得不眼看着项目相关工作被不断地推迟、延误,这让我感到十分沮丧。共享服务中心的实施最终延迟了一年多,但这一结果似乎真的不是很重要。

这是我学到的非常宝贵的第一课——**当你需要在日常工作和项目工作之间进行权衡时,前者将始终占据优先地位**,我花了数年时间去理解隐藏在这种二分法以及两种不同任务之间的摩擦(或者说矛盾)背后的原因。后来,我将这种现象称为"经营企业"与"改变企业"之间的对峙,学术界称之为"组织的双重性"。

两年后,我离开优利系统公司,加入了普华会计师事务所任初级顾问。工作了两天之后,我被派去参与普华当时正在开展的一个最大的咨询项目——在一家全球最大的石油化工企业实施SAP[①]企业资源规划(ERP)项目。我吃惊地发现,有很多顾问专门从事这一项目,包括SAP公司的开发人员在内,有不少于30人。

---

① SAP:即"Systems Applications and Products in Data Processing"。第一,SAP是公司名称,即SAP公司,它是成立于1972年总部位于德国沃尔多夫市的全球最大的企业管理和协同化电子商务解决方案供应商、全球第三大独立软件供应商。第二,SAP是其ERP软件名称,它是ERP解决方案的先驱,也是全世界排名第一的ERP软件,可以为各种行业、不同规模的企业提供全面的解决方案。

我被分配到负责项目行政管理的项目支持办公室，第一个任务是追踪项目团队成员工作时间记录表的填写情况，普华将据此向客户提供费用清单。没有人能瞬间成为首席执行官，而这项工作绝对是职位阶梯上非常低的一级台阶，尽管这项计划投入了大量资源，而且有明确的项目管理方法，但依旧比原计划晚了两年。尽管有一个全职投入的团队，但问题还是多得惊人。由此我学到了宝贵的第二课——**IT技术项目有别于其他项目，传统的项目管理方法似乎在此无法奏效。**

之后，我参与了欧元转换以及与2000年的千年虫有关的项目。这两个项目给我留下最深刻的印象是它们都非常重视高管团队的工作日程，大量的内部和外部资源都供他们专用。内部资源全部被指派从事项目工作，这是我以前从未见过的。高管团队会高度参与这些项目，密切跟踪项目进展并提供积极的帮助，项目计划中包括广泛的测试和应急计划的制订，与我之前参与过的项目相反，这些高强度的复杂项目都能精准地如期交付。

在普华担任顾问期间，我经历了事务所四次重大合并当中的第一次——与永道会计师事务所联手，合并后的普华永道成为全球最大的审计和咨询公司之一。

作为一名初级顾问，我并不清楚这种合并意味着什么。起初，一切听起来都很棒，出售公司是高管们的明智之举，这种举动对双方都有利。然而，经历了许多次企业合并之后，我现在意识到，这里面总会有输家，也总会有赢家。

企业合并是一种特殊的项目，与我之前经历的项目迥然不同，却是商界最常见的战略性项目之一。合并事件会引发数百个以整合两家公司为目标的项目，通常需要一个整合部门来监控所有项目的执行。我很快意识到并购项目会受到高管团队的高度关注，但大多数是在交易宣布时的最初阶段。这类项目的独特之处在于，当整合项目开始时，强大的阻力就会显露出来，这是将整合推向失败的重要力量，结果是许多并购项目都触碰到了公司的顽固派，而且多数情况下是在整合阶段。《哈佛商业评论》和KMPG[①]的研究结果显示，70%至90%的企业合并未能

---

① KMPG：毕马威成立于1897年，总部位于荷兰阿姆斯特丹，是一家网络遍布全球的专业服务机构，专门提供审计、税务和咨询等服务。

CHAPTER 02 我的项目生活

创造任何价值。

普华永道合并令我感触颇深的是,两家公司的大多数员工都不希望合并。因为他们看不出改变会带来什么价值,大家都希望公司保持原样。而且尽管这次合并被认为是一次成功的案例,但几年之后人们仍然对旧日的好时光念念不忘,许多人都会说:"普华当时要比现在好很多,那是一家真正的全球性事务所,而永道公司里不过是一群本地人。"由此,我又学到了另一课——在项目中,人性和行为这两种因素需要被认真考虑。当发生企业合并时,这是非常关键的,而且可能需要数年时间才能平复。无为并不是一个好的办法,因为这种力量强大到足以摧毁项目。

在普华永道的最后几年,我对项目的兴趣越来越浓厚,它最终成为我专注的领域。我深知管理的项目虽然是单一的,但管理项目本身永远是一件复杂的工作,而一个组织机构会同时运行数百个项目。这个领域充满了严重的混乱和巨大的浪费,其改善的空间也是无限的。当时是2003年,我决定详细研究一下这个问题,在一个合作伙伴的支持下,我们启动了有史以来第一次项目和项目集管理全球调研。

我的第一个目标是,研究优秀的项目管理方法与成功的项目绩效之间是否存在关联。第二个目标是,了解同类中的最佳组织正在做些什么。这项研究覆盖了64个国家和200多家公司,我的论文《通过项目集和项目管理提升业务绩效》是当时项目管理领域里的首创。该项研究证实了我的假设,并且成为让该领域的专家大开眼界的研究,我被任命为普华永道项目和变革管理全球首席执行官。

在该事务所工作了10年之后,我成了一名高级经理,并且差点成为一名合伙人,合作伙伴关系的结构是金字塔形,底层是初级顾问,顶层是薪资丰厚的少数精英(合伙人)。这类组织中每个人的职业道路都很清晰,你要么达到晋升到下一个级别的标准,要么就出局。要想成为一名合伙人,你需要有一个商业计划,一个你打算将其变成生意的点子。如果合作人认为你的想法有可能会产生100多万美元的年收入,他们就会为此投资,并且为你提供启动业务的资源。

我当时有成为合伙人的意愿，而且我的商业构想很明确——为普华永道建立项目管理咨询业务。我确信且我的研究也表明，世界上每个组织都需要培养和改进其项目交付的能力，我也非常明确地进行了商业论证。在向合伙人做完陈述之后，我欢庆了一晚上，我相信自己一定会成为一名合伙人。

第二天早上8点46分，我被普华永道管理合伙人叫去，等着听到好消息。我还清楚地记得他当时说的每一个字："安东尼奥，我们认为你的陈述书很好，我们也能感受到你的激情以及你对这个专业的深刻理解。但遗憾的是，我们不相信你的想法。我们认为项目是一种策略性的东西，是给IT界或工程师们用的。我们不能进入低级的领域，我们不相信项目管理能力是属于战略性的。"然后他继续说道："非常遗憾，安东尼奥，你被解雇了。"

那一年是2006年，也是我职业生涯中的一个转折点。我不断问自己，应该从事一份比较传统的工作，比如营销、销售、会计、财务，还是继续为我酷爱的项目奋斗？另一个大大的问号在我的脑海里挥之不去：那些精明的、高学历的、经验丰富的领导者们，怎么可能不理解项目和项目管理的价值呢？

经过无数次的思想斗争，我决定专注自己对项目的热情和核心专业知识，这是我在过去的10年中，通过多次与客户实地接触和两次全球范围的研究项目培养和积累起来的。

但是，这并不是全部。我还决定开展一项个人任务，这项任务是在多年对这个领域的研究和工作期间，需要我与曾经跟我交谈过的所有项目经理共同去完成的：首先，我想了解为什么高级管理人员、商业媒体和学术界历来没有将项目看作是组织中的一个关键的战略要素；其次，我决心改变整体的思维方式，将项目提升到组织、政府和学校的战略层面。

几周后，我被富通银行聘为负责合并整合工作的主管。富通银行是一家从事保险、银行和投资管理的比利时金融公司，当我在2007年加入富通时，它在世界银行收入排名第20位。2004年入职的首席执行官让·保罗·沃顿为富通制订了雄心勃勃的计划，他希望将富通转变为一家全球顶级银行。

CHAPTER 02 我的项目生活

我的工作是专职负责项目，每完成一家公司的并购，就会进入整合阶段。我需要针对不同的业务部门、客户群、区域、员工、组织结构图、产品、流程和系统来决定整合策略和整合计划。前100天通常是最关键的，而到第10天的时候，大部分重要的决定就都已经完成了。和以往一样，我注意到与大多数其他项目相比，并购项目往往会被区别对待，原因在于并购项目：

- 被认为具有战略重要性；
- 被列为高管的重要议程；
- 范围明确，因为有基于充分的审慎调查的精确估算的成本和收益；
- 得到大量内部和外部专用资源；
- 有便利的沟通渠道，特别是在并购交易签署之后；
- 能够建立起强有力的管理体系监控和支持整合工作。

2007年底，与首席执行官实现指数级增长的雄心相呼应，富通有机会加入了一个与另外两家银行——苏格兰皇家银行和桑坦德银行共同组建的财团，其目的是竞购荷兰最大的银行——荷兰银行，而这一举措为有史以来规模最大的一次银行收购铺平了道路。荷兰银行的业务将被三个财团合伙人拆分，富通将会获得荷兰银行在比荷卢经济联盟及其国际投资公司的零售和商业业务，而将零售业务并入富通需要得到荷兰中央银行的许可。

这是一次千载难逢的机会，一个令人无法拒绝的项目。尽管这笔交易风险性很大，2007年8月6日，在布鲁塞尔和荷兰乌特勒支市举行的两次富通银行股东大会上，都有超过90%的投票支持了富通提出的竞价，这是欧洲有史以来的最高竞价之一。尽管富通投资了240亿欧元（交易成本为719亿欧元），但是这一商业案例却非常引人注目。除了财务方面的惊人之举，成为欧洲第五大银行的愿景更是鼓舞人心。

在我的职业生涯中，我第一次经历了一个让我感觉是自我在创造历史的项目。这是一个前无古人的罕见机遇，成为获胜团队的一员对我和所有人来说都是一种巨大的精神鼓舞。

　　交易签署后，我即刻被派往荷兰银行阿姆斯特丹总部，负责组建整合办公室，制订方针战略和计划，然而这一次我遇到了一个新的文化挑战。这里有荷兰银行中占主流地位的荷兰文化、苏格兰皇家银行的苏格兰文化、桑坦德银行的西班牙文化以及富通银行的比利时文化，除此之外，所有公司还同时拥有着各自深厚的企业文化和民族文化。苏格兰皇家银行有一套自上而下、严肃务实的形式风格，桑坦德银行注重为自身创造价值，荷兰银行的员工有些自命不凡，只不过没有好的领导，而富通则注重意见统一，齐心协力，其中的困难可想而知。除富通之外，其他三家公司都想成为领头羊，即使是刚刚被收购的荷兰银行，也经常像是在操控全局，试图做出关键性的决定。

　　此次项目工作是我职业生涯中一段极为紧张的经历。大约有一年时间，我每天都是从早上7点工作到晚上10点。但是，我的确是乐在其中，每个周末过后，我都热切地期待着再次投入到工作当中去，而这确实是一个独特的、历史性的、前所未有的、具有战略意义的项目。驻扎在阿姆斯特丹的100多名富通员工亲密友爱、团结一致，每个人都尽职尽责，在需要的时候互相支持。这也是有生以来第一次，我作为一个真正高效的团队中的一员，为实现梦想而努力工作。

　　然而，不管工作有多努力，金融危机还是给富通带来了沉重打击。2008年9月26日星期五的傍晚，在荷兰银行，有人莫名其妙地递过来一些纸箱子，要我们打包回家，可以想象这多么令人错愕！

　　富通在同一时间段内投入了太多战略性的项目，因此也承担了很大的风险。因为任何一个项目都得不到充分的关注，当时也很少有人知道危机的严重性。我们是通过广播和媒体才得知相关消息的，这次的教训在于极为失败的项目选择、投资组合管理以及沟通的完全缺失，亦可称之为缺乏透明度。

　　我和同事们租了几辆面包车，把箱子放进去，然后驱车前往位于阿姆斯特丹郊外的富通银行荷兰分行。在那之后，我们被允许回家度过周末。同时，我们被告知，最高管理层将在周一提供更多信息。

CHAPTER 02 我的项目生活

你可以想象这样的事情会对我们所有人造成怎样的影响，由于缺乏信息以及信息的不透明，整个周末，我们都是在惴惴不安之中度过的。星期一我们去富通银行荷兰分行的办公室上班，我们继续工作着，就好像什么也没发生过。

然而，最高管理层承诺的解释始终没有到来，更糟糕的是，星期五，我们突然被要求再次收拾个人物品，返回布鲁塞尔。比利时政府出手救助了这家银行，富通银行荷兰分行与荷兰银行一起归属了荷兰有关当局。这个消息又一次使我们错愕！整个比利时也举国哗然，富通银行是比利时最大的公司，几乎所有家庭都有熟人在这家银行工作或持有该银行股票。

我花了很长一段时间去理解和消化这一突发事件，我们曾经为之辛苦耕耘了一年的项目，几个星期之内就全部消失殆尽了。

当团队抵达布鲁塞尔时，没有人知道究竟发生了什么以及我们应该怎么办，整个公司都陷入一种混乱状态，就仿佛遭遇了超速列车的撞击。我们急切地等待着消息，然而这一切从未发生。有一年的时间，我都没有具体的职位，但仍属于银行的雇员。幸运的是，在此期间，公司没有打算解雇员工的意图。

有关富通的消息天天出现在媒体上，而那些曾经因自己在富通工作而感到骄傲的员工，如今因为这次失败不得不受指责。在比利时政府的救助期间，富通有6个多月的时间没有领导者，没有愿景，更没有策略。组织内呈现出一种史无前例的空虚。许多员工都感到困惑甚至沮丧，他们的精神面貌也在继续恶化。

收购项目让富通濒临破产的边缘，它体现了时机的把握和大环境对于决策制定的重要性。

2009年5月12日，在巨大的社会压力下，经过多次法律冲突，比利时政府和剩下的股东同意将富通银行出售给法国巴黎银行（BNP Paribas），而这家领先的法国银行，一直以来都以其规避风险的文化和对收购处于清算边缘的银行的耐心而闻名。法国巴黎银行针对富通银行的整合项目，采取了最先进的管理理念。法国巴黎银行集团的全球首席财务官任命劳伦·柏诺飞（Jean-Laurent Bonnafé）为法国巴黎富通银行的首席执行官，他被派往布鲁塞尔任职，任期三年。

我很少见到一位公司高层管理者，也是项目的发起人，能如此全力投入到项目工作当中去。他的目标非常明确，就是要实现富通银行与法国巴黎银行的整合，而这一点人人都清楚。与大多数并购举措一样，该项目的一个特点是，要对整合项目总体成本和效益（协同效应）进行精确估算，使这些数据对市场公开化。各类资源被用来全力支持整合项目，内部人员被要求暂时放下日常工作，专心致力于整合工作。同时许多高级顾问也积极推动变革，并对组织施加压力。

其工作中的纪律也是令人称奇。无论是制订计划和重要里程碑、估算成本，还是设计新组织等，都必须遵循相应的流程，不允许有任何例外。任何人，包括零售银行业务、个人银行业务、批发银行业务的各级领导者，都必须遵守新的工作方式。任何抵抗或不服从行为都会立即受到处罚。具备了这些条件，项目的成功是显而易见的。

我在整合工作中扮演的是次要角色，我的位置足以让我了解项目是如何运行的，而同时又无须承担任何重大责任。整合工作进行一年之后，有关方面提议要设立一个负责项目监督的中央办公室。因此，我得到了一个完美的角色，而这也是我职业生涯中的另一个项目。我被任命为横向投资组合管理主管，我的主要职责是在项目选择、优先排序和监督银行内所有项目的实施方面，为法国巴黎富通银行高管团队提供支持。面对新的办公室、新的职位，我不得不从头做起。新的单位和职位的新鲜体验让我更清楚地意识到，由于没有任何正规的控制和任何标准的管理方式，以往的项目就仿佛是自由的原子，在银行里到处乱跑。

这段时期令我大开眼界，我有机会将书本上和专家们在课堂上、会议上讲的内容拿来进行测试，例如项目应该始终有一个战略目标，优先排序应采用加权的定量和定性效益公式进行计算，高级管理层应选择能为组织带来最大价值的项目等。

而现实终究不同于书本，在试图制作出一个组织中多个项目的概况时，获取可靠数据是最先遇到的挑战之一。得益于20世纪90年代各组织机构在建设企业资源规划和客户关系管理（CRM①）系统上的巨额投资，企业的运营数据、供应链数据、销售数据和人力资源数据都是相当的丰富，而且大部分是准确的。然而，项目数据却没有得到同样的待遇。企业资源规划系统中包含了项目的一些财务方面的信息，但也不过仅此而已。我和我的团队花了将近六个月的时间收集可靠和准确的项目数据，以便能够完成银行管理层要求的分析报告。

在向第一个项目审查执行委员会提交的分析报告中，一个主要的分析结果是银行一直以来投资了过多的成本削减项目（74%）和必须项目（22%），然而却几乎没有投资以业务增长为目标的项目（4%）。第一条评论是："我们为银行带来那么多的收益，然而银行却不给我们的项目分配任何的预算，这怎么可能？"执行委员会对此表示同意，并做出承诺："未来我们将力求建立更加平衡的项目投资组合，并且在接下来的两年里，我们将倾向增长型项目。"

除了项目组合之外，分析报告中还有一个列表，列出了该银行正在运行的所有大型项目以及潜在的新项目。在一张幻灯片上就可以看到所有的关键项目，这是银行有史以来的第一次出现这样的报告。在这个列表上有一条非常明显的红线，用来标志分配给项目的预算（1亿欧元）必须就此打住，红线以下的项目必须停止、延迟或不允许开始。

当大家看着红线下方的项目清单时，房间里是一阵长久的安静。当大家意识到，我是在提议取消他们的一些项目时，他们的脸上露出一丝不快。他们试图证明红线以下的所有项目都是合理的，于是有了这样的声音：这个对我们的业务非常重要，我认识一个正在研究这个问题的人，这个不能取消，我们已经为之努力了四年了等。听起来是不是有点耳熟？

有趣的是在这以前，银行的高层决策者们从未被要求去选择或取消项目。以往，每个想法都会触发一个新项目，而且从来没有任何限制。

---

① CRM：客户关系管理（Customer Relationship Management），是指企业为提高核心竞争力，利用相应的信息技术以及互联网技术协调企业与顾客间在销售、营销和服务上的交互，从而提升其管理方式，向客户提供创新式的个性化的客户交互和服务的过程。

尽管收集信息的工作很不容易，而分析的结果也让人有些猝不及防，但一旦高管们理解了这些艰难的讨论和决策，反馈就变得相当正面，我们得到了执行委员会成员的表扬。他们承认，这是他们围绕银行的长期战略进行的第一次有重点的、建设性的、透明的讨论。

尽管这段时期非常艰难，但它也是我职业生涯中一次最丰富的学习经历。

我在前面提到过，在富通集团倒闭和法国巴黎银行正式收购之间动荡的过渡时期，我决定开始实现我的一个梦想——写书。自从我在普华永道工作以来，我的心里就一直有这个想法。写书也是一个项目，而且在你第一次写书时，它会是一个无法按计划进行的项目。就像所有个人项目一样，它与你的自制力以及你合理安排有限时间的方法息息相关。

我的书中有很大一部分是在研究为什么我会被普华永道解雇，为什么高层领导者们不理解或者不重视项目和项目管理的战略价值。我的研究为这个问题找到了一些答案，首先，我发现商学院不重视项目管理。在世界上排名前100位的MBA课程中，只有两个将项目管理作为强制性课程。其次，《哈佛商业评论》等重要商业媒体没有发表很多关于项目以及如何成功执行项目的文章。我发现，在1972年到2012年之间，《哈佛商业评论》发表了4,750篇关于市场营销的文章，4,324篇关于金融的文章和4,313篇关于战略的文章，而关于项目管理的文章只有299篇。最后，麦肯锡等顶级咨询公司没有就如何改进项目的执行或实施方法提供任何建议，大多数战略管理机构都没有提供有关项目管理的教育、出版或咨询业务。除此之外，很少有领导者或首席执行官接触过有关项目的艺术和科学。我希望通过我的这本书强调项目对于成功的战略执行的重要性。

在我进行研究的两年（2009年到2011年），我首先发现了组织在执行工作和分配资源方式上的逐渐转变，资源、预算和侧重点始终在缓慢而又平稳地从日常活动向项目转移。从那时起，这种转变开始呈指数级增长，照此速度，几年之后大部分的工作都将要通过项目来完成。

我还发现，项目管理之所以被忽视，其中的一个原因是现代项目管理的奠基者们在20世纪70年代对项目进行定义的方式不恰当。他们的方法和标准主要侧重投入、工具、可交付的成果、控制和文件,而不是强调为组织、客户、公民、地区和为世界带来的影响、价值和利益。同时,其所应用的语言和术语过于技术化,与主流商业语言相去甚远。难怪大多数领导者认为项目管理是技术和战术,而不是战略能力(一种创造重大价值的工作方式)。

本书的主要目的之一就是解决这个问题,让项目管理变得更易于理解和应用,并为每个人提供所需的技能、工具和思维方式,让他们在项目管理方面能够胜人一筹,最终将自己的梦想变为现实。

在我的职业生涯中,一个较为重要的行动是在项目管理协会(PMI)中做一名志愿者。项目管理协会成立于1969年,是世界领先的项目管理协会。该协会提供最受公认的项目管理标准("项目管理知识体系",PMBOK)和认证("项目管理专业人员",PMP)。2018年7月,项目管理协会在全球拥有超过80万名活跃的证书持有者和50万名会员,分布在世界各个国家。

我当时认为,影响项目领域的最佳方式是借助项目管理协会内部的一个领导位置,我想象着自己或许可以推动项目管理协会突破其传统的界限。达沃斯世界经济论坛年会、诺贝尔和平奖……这些是我最大的梦想。

我为自己设定了目标——争取加入项目管理协会董事会。这一目标实际上实现得相当快,2013年,我被协会成员选为代表,任期六年。在担任了多个专员职位后,我于2016年被任命为项目管理协会主席。我的计划很明确,那就是确保领导者和关键决策者理解并重视项目和项目实施的价值。在我的领导下,项目管理协会启动了其近50年的历史中最大的一项举措和投资——Brightline Initiative[①]。这项战略性工作促成了与重要组织机构之间的全球联盟,并且已经获得了达沃斯、《经济学家》《哈佛商业评论》、全球最具影响力商业思想家50人、全球彼得德鲁克论坛和TED演讲等具有重要影响力的论坛的认可,项目管理意识的缺失正在消除。

---

① 参见 https://www.brightline.org。

2015年，我离开法国巴黎富通银行，加入葛兰素史克（GlaxoSmithKline）疫苗事业部担任全球项目管理办公室主任，这是我职业生涯中最新完成的项目。从银行业转向制药业是相当少见的，事实上，我发现有近百名求职者谋求这个职位，其中很多人有多年的制药业经验。然而，我对项目和项目实施的强烈关注是让我能够赢得这个非常令人兴奋、备受追捧的职位的关键撒手锏。

经过20多年的项目和项目管理价值的实践和推广，2017年我收获了众多的荣誉，我很荣幸获得了管理思维领域最负盛名的奖项之一——全球最具影响力商业思想家50人"最佳理念实践奖"。该奖项表彰了我不仅成为世界领先的项目管理倡导者，还成为一场全球运动奠基者的工作，我所倡导的这场全球运动，将项目管理的战术性话题转变为首席执行官手中2020议程的核心问题之一。比自我满足感更重要的是，这一表彰对项目本身有着十分重要的意义，同时也是对全世界数百万的项目主管、项目负责人和项目经理日复一日、默默无闻的勤奋工作和坚持不懈精神的认可。

我的职业生涯中重要的最后一课——你应该守住自己的激情、工作和真正的自己。可能你周围的人会持怀疑态度，甚至会反对你所做的事，但你不要让他们替你做选择。有一句古话说得好："知之者不如好之者，好之者不如乐之者。"

CHAPTER 03

究竟什么是项目

一定要对项目做出准确的定义,意义是成就的根本。

CHAPTER 03 究竟什么是项目

罗杰·马丁（Roger Martin）是加拿大罗特曼管理学院前院长，也是一位畅销书作家，曾经与宝洁（Procter & Gamble）和乐高（LEGO）公司领导层进行过密切合作，被"全球最具影响力商业思想家50人"誉为世界杰出的管理思想家，我很幸运能和他有过一段时间的接触。罗杰成就卓著，他的思想值得学习。他认为，当下一个很明显的问题是，职业和工作的结构化使它们看上去是扁平的、没有起伏的，而实际上，这里面充满了项目的高峰和低谷。

罗杰说："至少有80%甚至可能高达95%的工作，都是由各种各样的项目组成的。然而办公楼里的普通人却并不认为生活就是项目，在他们看来，自己的生活只是某种常规工作，而项目是他们常规工作中的障碍。于是项目被推迟，甚至被错误地管理。事实上，在组织中，决策制定的整个过程应当被完全看作是项目，经理们应该以项目为中心来安排自己的生活。"

这些想法在整个企业界被广泛认同。确实是这样，项目常常被边缘化。于是，我开始逐步地去深入探究，为什么企业会有如此之多的项目，为什么这些项目经常不能如期交付，为什么这些项目没有带来任何实际的利益。其间，有一位高管对我说："如果你想让一件事情变得不可能完成，那就把它变成项目。"这种说法真的让我为之感叹！

多年来我发现，"项目"一词在当今的私营企业和公共部门中被广泛使用的同时，也被严重地误解了。这一现象产生出两个问题，而这两个问题严重影响着项目交付的成功率。

第一个问题是项目的定义。许多平时以传统方式执行的活动，如今也被冠以项目的名称，这就造成了组织中项目和项目经理的数量呈指数级增加的结果。不久前，我为一家领先的生物技术公司做了些事，这家公司有80名员工和7名高管。在日常活动之外，他们还有400多个项目。这种状况显然是难以管理和混乱不堪的，而这种现象几乎影响着每个组织，同时又产生出几种危害，其中之一就是优先级排序，对于这个问题，我将在本书后文中详细讨论。

第二个问题是不断增加的官僚机构和成本。如果将项目管理的方法应用于所有项目，势必会提高复杂性，增加成本，甚至还要为某些工作另设完全没有必要的管理委员会。在本章中我将会谈到，项目管理不是"免费的"，一般情况，你需要增加7%至11%的额外成本，用以支撑项目活动所需的专门管理、监督、报告和额外的管理体系。

"项目"一词在英语中被解释为对某件事的计划，而不是实施这一计划的行为，同时包含计划和实施计划行为两个含义的扩展用法，是在20世纪50年代随着几种项目管理方法的引进而逐渐出现的。到了20世纪60年代后期，几个以项目管理实践为核心的协会才被建立起来，其中最著名的有1965年在维也纳成立的国际项目管理协会（IPMA）和1969年在费城成立的项目管理协会（PMI）。这些协会最初的目标之一就是勾勒出项目共同的定义和最佳实践方法。

项目管理协会对项目的定义如下：

项目是一种有明确起始时间、固定范围和特定资源的活动，因此，项目具有临时性。再者，项目不是例行的行动，而是为实现某个单一目标而制定的一系列特定行动，因此，项目又具有独特性。所以，一个项目团队的组成成员可能是平时在一起共事的人员，也可能是来自不同组织和地区的人员。项目可以是一次为改进业务流程而实施的软件开发，也可以是建筑物或桥梁的建设、自然灾害后的救援工作、将销售扩展到新的地域市场的活动。所有这些项目都必须经过熟练专业的管理，才能按时和按预算交付组织要求的结果。

除此之外，还有一些比较权威的机构也给项目下了定义：
- "项目是由经过协调和控制，并且有着开始时间和结束时间的活动组成的、是为某个目标而进行的独特的进程组合。为了实现项目目标，项目交付结果必须符合特定的要求，这些要求包括时间、成本和资源等多种限制。"

CHAPTER 03 究竟什么是项目

（项目管理指南）

- "项目是一系列受控制的、相互关联的资源，项目的结果是需要向客户或最终用户交付一个或多个产品。这些资源都有一个明确的开始和结束时间，并且必须按照计划进行。"（软件工程研究所）
- "项目是一种以有限的时间和成本为工具，进而实现一系列明确的、满足质量标准和要求（达成项目目标的范围）的交付成果的活动。"（国际项目管理协会）
- "项目是一个为了根据某个特定的商业论证，而创建的以交付一种或多种商业产品为目的的临时性组织。"（英国政府商务办公室）
- "项目是为实现计划目标而进行的一项独特的、临时工作任务。"（项目管理协会）

你可能已经注意到，大多数的定义往往是冗长且让普通人难以理解的，这也就是为什么项目管理在很大程度上，被认为是一种远离管理层和领导层战略主题的技术性和战术性活动。

我本人给项目下的定义如下，其目的是建立一个普遍的共识：

项目是一种可以让现实想法经过验证的方法，其目的是解决问题或创造新事物。它具有独特性，即使这个项目曾经被人操作过，但它还是会存在一些不同的元素。一个项目通常需要一个具备多种技能和专业知识的团队，除此之外，还必须要有一个项目负责人来推动团队的运作，它受到时间（有结束日期或终点线）、预算（资金和资源）和设想（雄心和质量）的限制。经过深度的沟通之后，项目必须观照利益相关者的方方面面，比如个人、集体和文化行为。

了解项目、运营及日常活动之间的不同之处，对于理解什么是项目也很有帮助。

- 项目是为实现预定的目标而进行的一次性投资，而运营则是目标年年相似的（会有一些细微的改进）日常活动。

- 项目的时间和预算是有限的，其团队成员也是临时组成的。相比之下，运营的预算是固定的，其团队成员基本上也是全职的，简单来说，运营是一种重复的、可自动化的活动。
- 与运营相比，项目需要更多不同种类的资源和不同方面的能力。项目负责人最好是通才，他们需要展开横向工作，以便将不同的观点汇集在一起，因此，他们需要具备交际和谈判的技巧。此外，他们还需要善于应对不确定性，因为大型战略性项目在一个星期之后的情况都是很难预测的。相比之下，负责运营的人员则往往技术性很强，并且对自己手头的业务很熟悉，他们精通金融、营销或运营。

项目管理又是什么

一半是艺术，一半是科学，项目管理是成功交付项目的实践活动。

如今人们所使用的"项目管理"一词，最初出现在20世纪下半叶，主要是在第二次世界大战之后。在此之前，项目管理都是临时性的，而且大多数项目使用的是不正规的方法和工具。战后时期大量涌现的、前所未有的重建项目，需要调动大量的资源，以便在规定的期限内实现目标。因此，政府开始要求企业制订完美的计划，精确地估算成本。除了按照凭直觉建立的流程进行管理之外，所有大型项目都需要一套综合的管理方法。

亨利·甘特（Henry Gantt，1861—1919年）被认为是现代项目管理的奠基人之一，他发明了一种调度图表，被称为甘特图[①]，用于将项目在时间表上的关键步骤可视化。20世纪30年代的一些最具代表性的基础设施项目，比如胡佛水坝和

[①] 甘特图（Gantt chart）：又称为横道图、条状图（Bar chart）。其通过条状图来显示项目，进度，和其他时间相关的系统进展的内在关系随着时间进展的情况，以提出者亨利·劳伦斯·甘特（Henry Laurence Gantt）先生的名字命名。

曼哈顿项目，都采用过甘特图。如今，它已成为每一位项目经理工具包中的重要组成部分。

第二次世界大战后，组织机构开始采用一些有条理的方法、工具和技术来更好地控制和规划复杂的项目。美国海军和一些像博思艾伦咨询公司（Booz Allen Hamilton）这样的咨询公司，是第一批开发现代项目管理的贡献者。由此，项目管理开始被视为有别于工程或建筑的一门学科。

项目管理早期的侧重点主要集中在估算和计划（时间安排）的准确性上，当时最重要的两项进步就是围绕这些领域开发出的公式。第一个是由博思艾伦咨询公司开发的PERT[①]，第二个是由杜邦（DuPont）和雷明顿·兰德（Remington Rand）两家公司发明的"关键路径法"（Critical Path Method[②]）。

在我们这个时代到来之前，这种对项目输入（包括规划、估算、成本、时间、范围、风险管理）的高度关注始终是现代项目管理的要素，而输出（包括目的、理由、价值、效益、影响、战略和客户）都没有被包括在项目管理的初始定义之内。这种疏漏正是项目管理学科在过去的30年里，与主流管理层、领导层和首席执行官议程中的主导战略主题渐行渐远的主要原因之一。

与上述的项目定义一样，项目管理的定义也相当复杂冗长，难以被常人理解。为了简单起见，我更倾向将项目管理称为帮助人们成功定义、规划和实施项目的能力、方法和工具。

但是，我还想强调一下这个概念的另外两个要素。

首先，如前所述，项目管理是要付出成本的，而且无一例外，它在许多活动的执行之上增加了一项日常开支和监管费用。它对一个组织所需的资源和时间

---

① PERT：即计划评审技术（Program/Project Evaluation and Review Technique），简单地说，PERT是利用网络分析制订计划以及对计划予以评价的技术，它能协调整个计划的各道工序，合理安排人力、物力、时间、资金，加速计划的完成。

② Critical Path Method：关键路径法，一种网络图方法，用于对化工工厂的维护项目进行日程安排。它适用于有很多作业而且必须按时完成的项目，它会随着项目的进展不断更新，该方法采用单一时间估计法，其中时间被视为一定的或确定的。

（以额外会议的形式）是有要求的，而这些同样是有成本的。

一些研究显示，一个项目所需的管理成本总额一般是在项目总成本的7%到11%之间，如果再加上外部审计之类的额外的项目控制费用，项目管理成本将会在9%到15%之间。负责管理小型项目的项目经理通常还要做一些具体的项目工作，因此很难始终完全地起到项目管理的作用，而成本需要被控制在最低限度。中型项目的项目管理可以在更大程度上被合理化，而最大程度的项目管理应该用于大型项目，因为大型项目的回报会随着项目的复杂性和风险性的升高而增加。

在一个组织中，对项目和日常活动（我称之为"运营业务"）的界定应该有明确的、客观的标准。当然，也存在一些不同的理论，但我更愿意采取非常务实的态度，因为我们所做的事情往往没有非黑即白的答案。我建议设定一系列标准，比如：

- 符合根据预算定义的项目规模（例如超过500,000美元或欧元）；
- 符合根据持续时间定义的项目规模（例如6~24个月）；
- 有超过5个完全专用的人力资源或等效的全职资源；
- 涉及3个单位、部门或地区；
- 与某个战略目标相关联。

符合上述标准中至少三项的项目，应由专业项目经理通过项目管理流程、工具和技术（包括风险管理）进行管理，同时还应该建立适当的管理结构和监督机制，以确保项目得到良好的执行。

我前面提到过的生物技术公司就设定了一些基本定义（在本案例中，项目是一些需要有超过500人和至少40万欧元投资的举措，并且具有横向性）。该公司最终将重要项目列项从400个减少到25个，然后我们对其进行优先级排序，合理配备人员，这样一来，大大推动了项目的实施。

在审查项目清单时，应该考虑以下两个关键要点：

- 只将符合特定条件的活动归类为项目；

- 当项目的规模和复杂性达到需要管理的程度时，应启用项目管理。

另一个需要记住的附加元素是，项目管理正在向项目领导转移。在过去的30年里，我们可以看到，关注点正在从项目和项目管理的硬性技术元素（如日程安排、范围、财务和风险）逐步地向软性的元素（如人、行为、文化、沟通和变革）转移。对于项目实施所需的技能问题，我们稍后会谈到，但是领导与项目的相关性和必要性将会逐渐超过管理。

项目的演变

如果要将项目的定义和项目管理的演变艺术放在大环境中讨论，首先有必要研究一下项目的演变过程。从项目的定义中，我们可以看出，自人类起源以来，项目就始终是人性中不可分割的一部分。今天的项目管理是自然进化过程的结果，它贯穿于整个人类历史。

猎食可以说是人类最原始的、基于项目的活动之一。外出为家人和村民打猎觅食是一项有时间和资源限制的活动，这种活动充满了风险，而且利益相关者都在期待着结果。一旦狩猎活动变得越来越频繁，人们也能够熟练掌握这一技能后，这项活动就由项目变成了日常活动。第一个村庄、第一座城堡、第一个灌溉系统、第一个车轮……所有这些都是通过某种项目得以实现的创意，而引进新的技术和从过去的错误中吸取教训，这些思想方法也会随着时间的推移而日臻完善。

中国的长城和胡夫金字塔被认为是历史上最早的、具有象征意义的大型项目。中国的长城建于公元前250年到公元1450年之间，其目的是防止蒙古军队和其他游牧民族的入侵。这些石墙绵延6,000多公里，迄今为止，依旧是有史以来最长的建筑。胡夫金字塔建成于公元前2560年左右，仅用了20年，目的是用做法老王的坟墓。它由230万块石灰石块组成，这些石块是从800多公里以外人工采集和搬运过来的。在1300年左右高160米的林肯大教堂尖顶建成之前，胡夫金字塔都被称为世界上最高的人造建筑。

同样历经沧桑，成为地标性建筑的古老的项目还包括：

- 墨西哥的特奥蒂瓦坎市，建于公元1世纪至7世纪。在450年的繁盛时期，它拥有20万人口，是当时世界上最大的城市之一。
- 罗马斗兽场，建于公元70年至公元80年间，是有史以来最大的圆形剧场。
- 伊斯坦布尔的圣索菲亚大教堂，建于公元6世纪，用了大约6年时间建成，被认为是最重要的拜占庭式古迹，其世界上最大的基督教教堂的地位持续了近1,000年。
- 秘鲁的马丘比丘，也被称为印加遗失之城，是一个前哥伦布时期的印加遗址，于1450年左右为帕查库提皇帝建造。
- 印度泰姬陵，由第五代莫卧儿皇帝沙贾汗建造，用以纪念他最喜爱的妻子穆塔兹·玛哈尔。该建筑建于1631年至1653年之间，雇用了大约20,000名工匠和手艺人。
- 许多存活至今的大教堂也是具有历史意义的项目，例如最著名的大教堂之一，梵蒂冈的圣彼得大教堂。有趣的是，还有一些大教堂用了几个世纪的时间，投入了几代建筑师、雕塑家、建筑师以及其他专业技工的心血才最终建成。这些项目的工期持续数个世纪的主要原因有两个：第一个是缺乏公共资金，第二个是大教堂的设计（范围）不断变化。另外，在建筑施工过程中，其风格会发生变化（罗马式、哥特式、文艺复兴式、巴洛克式等）。其中，一个臭名昭著的项目是巴塞罗那的圣家堂（Sagrada Familia），该建筑始建于1882年，预计将在2026年完工，距离其原建筑师安东尼·高迪的去世将会有一个世纪之久。据说，当一些主要的大教堂建筑师们听到人们对其项目遭受的长期拖延提出质疑时，他们会宣称"上帝是从容的"。

这些卓越的作品是由工程师、建筑师和手工艺人设计和创造的。为了取得成功,他们应用了项目管理的原则和概念。这些项目的监工需要在长达数年的时间里,管理成千上万的工人,确保有足够的资金购买材料和支付工人工资,还需要定期与头领、领队或指挥官沟通,以确保他们的期望能够得到满足。这些监工没有无限的预算,没有无限的资源,更没有无限的时间,另外,他们还必须确保建筑的质量足以抵御战争和自然灾害。我认为,如果没有对这些原则进行充分的了解,这些项目是绝对不会成功的。

马克·科扎克-霍兰德(Mark Kozak-Holland)在他的著作《项目管理的历史》中确证,项目管理不仅仅是20世纪和21世纪的学科。然而,尽管有大量的历史项目,但相关的文献和历史记录却非常罕见。造成了这一现象的因素有很多,首先,这些项目的发起者通常更在意结果,而并非计划实施的方法。其次,负责建造这些建筑物的人是工匠,这些人不一定受过教育,也无意让别人知道他们的方法。不但如此,在许多古代项目中,工匠们施工的细节是被某个部落或家族当作不予公开的秘密,这些部落或家族专门从事于某种手工艺,并将他们的知识代代相传。

在此之后的项目就是大型土木工程项目,如水坝、桥梁、隧道和高速公路,再接下来是大型标志性建筑项目,包括音乐厅(如悉尼歌剧院)、**体育场馆**(如索契冬季奥运会和北京夏季奥运会的体育馆和其他设施)、**博物馆**(如古根海姆博物馆)和摩天大楼。从纽约的帝国大厦到迪拜的哈利法塔,项目始终被广泛应用。

如今,我们正在谈论"特大型项目"——预算超过10亿美元的项目。因其在社区、环境和预算方面的重大影响,这些项目会吸引大量的关注,特大型项目包括铁路、机场、海港、发电厂、石油与天然气开采、公共建筑、航空航天和智能城市等项目。尽管特大型项目的数量越来越多,但项目的基本事实以及如何以最佳的方式管理依旧没有变。

CHAPTER 04

项目的正确方向

项目经常以失败告终,
那么,我们通常会遇到哪些绊脚石,
并且应该如何绕开它们呢?

CHAPTER 04 项目的正确方向

想象一下，会有这样一个世界，那里的大多数项目，无论是组织和政府的、社会的、企业的，还是个人的，这些项目都能够按计划交付，取得成功。这是我的目的，也是我写这本书的原因。

为此，我们还需要做一些工作。在所有项目中，真正能够实现其目的、达成其预期目标、获得可持续收益、满足大多数利益相关者需求、如期完成同时又不超出最初财务预算的项目实在是凤毛麟角。那么，项目成功的秘密究竟是什么？我们可以从数千个失败的项目中学到什么呢？如何才能开发出一种工具，来保证或者至少增加项目成功的概率呢？

首先，我们应该给予项目前所未有的关注，同时帮助人们做好准备，迎接这场革命的到来。我们需要为人们提供的是，能够在这个项目驱动的世界里生存下来所必需的工具和技术。一些研究发现，很少有人接受过关于有效地定义和管理项目所需工具和技术方面的教育。在第八章里我将会解释，为什么像哈佛大学、麻省理工学院、沃顿商学院、斯坦福大学、瑞士洛桑管理学院、欧洲工商管理学院和伦敦商学院，这些世界顶级的商学院都没有将项目管理纳入其MBA学位的核心课程。数十年来，项目管理能力始终被认为是战术性的，是与组织中的高级职务无关的。领导世界的是那些战略、财务、营销和销售方面的专家。

其次，我们需要通过将更多的力量、资源和预算分配给基于项目的工作，来重新校正组织，所有的组织都应该注意这一点。

日常业务收益是从100多年前的批量生产开始的，而此后，这一趋势始终在稳步持续发展，但是，用于日常业务的资源却在逐年减少。自20世纪20年代以来，企业一直在改进其经营活动[在我之前写的《目标集中的组织》一书中，我将这个词改称为"运营业务"（running the business）]，并以此为手段来提高效率和降低成本。当时，大多数公司主要是生产商品，因为服务业还没有壮大起来，而公司的主要目标之一就是效益的增长。当然，通过收购的方式实现增长的做法还不像今天这么流行，那时的增长十分有机，其方法就是提高产能和打入新的市场。一旦行业变得更加成熟，公司就可以通过提高效率和降低成本来实现增长，这些增长方法所造成的结果是项目["改变业务"（changing the bussiness）]的数量日益增多。

为了理解这一变化趋势，我们还需要回顾一下经济的演变过程。政府和央行的经济和货币结构，对组织能够运行项目的数量有着直接的影响，经济中流通的货币量、"廉价"货币（即低利率）的可用性以及货币流通的速度（即单位货币花费的平均频率）都可以作为这种转变的指标。经济中流通的货币越多，企业就会越多地用它来投资战略性项目。利率越低，企业就会越多地通过贷款来投资战略性项目。为了更好地解释这一点，我们可以看一下英国在过去一个世纪国内生产总值（GDP）的演变，从中可以得出以下几点假设：

- 在经济衰退时期（GDP负增长），企业会减少在项目上的支出。
- 在GDP增长为零的时期，没有任何变化。
- 在经济增长时期（GDP正增长），企业会增加在项目上的支出。

这些增加或减少的影响会在下一年体现，图2显示了上述分析的结果。

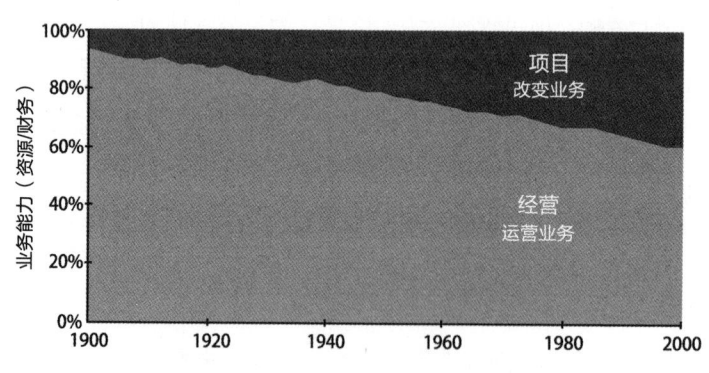

图2　从日常经营向改变项目的转变

影响这一趋势的一个重要因素是，几乎所有的管理思想家及其管理理论都专注于改善"运营业务"这个维度。一些对管理有影响力的重要人物，如弗雷德里克·泰勒、亨利·福特、爱德华·兹德明、伊戈尔·安索夫和迈克尔·波特，他们都将其建议集中在改善企业的经营活动上。具有讽刺意味的是，连这些改善经营的活动也是作为项目进行的。尽管这些是一次性的项目，但改变业务总是要涉及实施项目。

除了管理思想以外，还有一些运动也加速了这一变化趋势，例如：

- 20世纪70年代，PC在工作中普及；
- 20世纪80年代，业务流程再造浪潮；
- 20世纪90年代，企业资源规划让大多数业务实现了自动化；
- 21世纪00年代，核心和支持业务的外包；
- 2010年，大数据和极端自动化。

所有这些变化所带来的结果是，企业极大地提高了运营效率，最终达到了再无法找到提高效率空间的程度。与此同时，组织中项目的数量、项目所需的专用资源和项目的规模都在逐年增加扩大。项目的大军在行进，而现有的组织和管理模式正面临着前所未有的威胁。

然而，根据我最新的研究，即将到来的还不止这些，颠覆性技术将加速这一趋势的变化。机器人和人工智能将接管几乎所有传统的行政活动和业务工作，某些此类职位已经消失或者被完全重塑，组织将会比以往任何时候都更加关注项目和基于项目的工作。项目是创造价值的新常态，而且实际上也是维持业务运营的新常态，这一切终将引发我所说的"项目革命"。

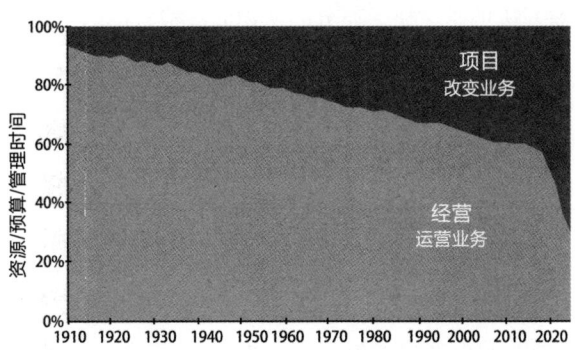

图3　人工智能和机器人在组织中的广泛应用加速了转变

超越效率去改变业务，而不是简单地运营业务，这是一项艰巨的任务。我的经验和研究表明，许多组织都存在以下问题：

- 缺乏关于项目实施及整体战略执行情况的信息。
- 缺乏对正在运行的项目数量以及项目状态、实际成本、预计的完成成本、收益和商业论证的可视化。
- 缺乏有关项目状态的数据，而且即便有了数据，这些数据也总不能反映出准确的信息。
- 在没有适当分析和明确的商业论证的情况下启动项目。
- 不断增加公司项目的数量，项目启动的多，完成的少。
- 许多项目没有明确的所有权，这里边包括一些最具战略性的项目。
- 没有一个跨部门的管理机构来决定对哪些项目进行投资，更没有机构来确保项目的正确执行。
- 业务部门和职能部门之间的沟通和协作表现欠佳。
- 根本没有一个管理项目的综合工具。
- 开发和推出新产品的前导时间越来越长。

由此，我们就能找到项目失败的原因了。

其实，我们很难准确地了解，每年有多少资金是由于糟糕的决策、能力的不足以及对项目管理方法重要性缺乏充分的认识而被浪费掉的。一些研究对这一管理缺陷所造成的价值破坏进行了估算，从中可以看到大量的事实：

- 项目管理协会《2018年职业脉搏调查》的结果显示，项目管理不力造成了企业战略实施效率低下，由此，全球组织每20秒就会浪费大约100万美元。这相当每年浪费大约1.5万亿美元，而这个数值相当巴西的国内生产总值。
- IT咨询公司6point6 的一项基于300位首席信息官的调查显示，英国企业每年因失败的IT项目而造成的浪费高达约370亿英镑。
- 《哈佛商业评论》2011年发表的一项研究成果，对1,471个IT项目进行了分析，发现其平均超限率为27%，但其中六分之一项目的成本超支率平均高达200%，并且项目拖期率接近70%。

- 另一项研究发现，失败的IT项目每年给美国经济造成了50亿～1500亿美元的损失。此项研究称，大约30%的10亿美元以下的项目，未能达到预期的结果，而这一比率在超过10亿美元的项目中更是高达50%。而这一结果适用于在任何国家或者地区建设的项目，新兴市场和非洲等偏远地区的失败率可能更高，在这些地方，许多风险因素如果没有被考虑周全，它们就会集结起来，形成一股摧毁项目的"完美风暴"。

- 普华永道的一项研究对分布在30个国家、来自不同行业的200家公司的10,640个项目进行了审查，结果发现只有2.5%的公司成功完成了项目。

- 麦肯锡公司仔细研究了5,000多个项目，发现56%的项目的交付价值低于预期，45%的项目超出预算，17%的项目开展得非常失败，甚至还有一些项目威胁到了公司的生存。

- 根据高德纳（Gartner）的研究，85%的大数据项目在前期就失败了。

- 西班牙地理学家协会发表的一项研究显示，在1995年至2016年期间，西班牙政府机构在不必要的、放弃的、未充分利用的或计划不力的基础设施上花费了超过810亿欧元。而如果将已经承诺的金额考虑进来，这一数字在不久的将来可能会超过970亿欧元。该报告称："这些项目的实施都没有恰当的成本和收益分析，作为分析依据的对未来用户和收益的估算，通常是建立在转瞬即逝的经济乐观情绪基础之上的。"

- 牛津大学赛德商学院（Saïd Business School）一份报告严厉指出，中国基础设施投资体制中的巨额成本超支。该报告分析了95个中国大型公路和铁路运输项目以及806个富裕民主国家的交通项目，该研究指出，在中国，过去30年的基础设施投资中，有超过一半的项目成本高于所产生的效益，这意味着项目是在破坏经济，而不是在创造经济价值，根据赛德商学院的估算，这些成本超支已经让中国损失了约28万亿美元，而这个数值超过美国、日本和德国的GDP总和。

其实，令人震惊的失败项目案例不胜枚举，其中一些最臭名昭著的案例包括：

- 国际空间站（ISS）：这个轨道实验室是俄罗斯、欧盟、日本、加拿大和美国的国际合作计划。这是一项极其复杂、效率低下的项目，在1998年启动之时，就已经比原计划时间晚了4年，而且其最初的预算成本是174亿美元，最后增长到了1,500亿美元。到目前为止，国际空间站也并没有像美国宇航局所希望的那样成功。

- 蒙特利尔奥林匹克体育场（1976年）：最初该体育场有一个绰号叫"The Big O"，这个绰号源于其名称中"奥林匹克"的首字母和体育场的形状，后来，人们又将其戏称为"The Big Owe"，原因在于其不断上升的成本（预算为1.48亿美元，最终成本为31亿美元，是原预算的20多倍）。项目的最后期限是硬性的，比赛也必须按时进行，所以这个体育馆最终宣称按时完工。但实际上这个体育馆并没有按时完成，对桅杆和可伸缩屋顶这些主要部分的施工，直到比赛结束后才开始，而最终蒙特利尔奥运会给该市带来了16亿美元的债务。

- 索契冬季奥运会（2014年）：此次冬季奥运会的预算只有120亿美元，然而最终的实际支出高达510亿美元，这远远高于中国在2008年夏季奥运会上花费的400亿美元，而后者的比赛项目数量是前者的三倍。索契的大部分基础设施项目，包括主体育场和协助比赛的其他体育场馆，都是从无到有的。绝大多数项目超预算的程度都令人瞠目，使得此次冬奥会成为史上最昂贵的奥运会。

- 波士顿大隧道：波士顿计划将城市中央高速公路建在一条5.5公里长的隧道中，预算成本为28亿美元，然而最终竟耗资148亿美元。从1982年开始，该项目便深陷于各种负面新闻之中，内容大多是报道其成本不断增加，公路超限、渗漏，伪劣施工，采用不合格材料，出现人员死亡，发生刑事案件。项目最初计划于1998年完工,而最终的完成时间是2007年。《波士顿环球报》当时预估,该项目最终将耗资220亿美元(包括利息在内),而这笔巨款直到2038年才能全部还清。

- 华森集团(Hoa Sen Group)钢铁厂:2017年4月,越南总理阮春福叫停了这个价值106亿美元、占地4,200英亩的钢铁厂的建设,目的是防止化学品泄漏,越南政府决心不向任何高污染风险的项目发放许可证。

- 英国电子健康记录项目:该项目被认为是世界最大规模的民用IT项目。2011年,历经9年的开发工作之后,尽管该项目旨在为英国公民建立一个统一的电子健康记录系统,英国政府官员还是取消了这项耗资120亿英镑的项目。

- 英吉利海峡隧道:连接英国与欧洲大陆的想法已经存在了几个世纪,然而这一项目直到1988年才开始。建设这条51公里长的隧道耗时6年,比计划时间多出一年。该项目总成本最终高达46亿英镑,比初始预算(26亿英镑)高出80%,它被认为是史上最昂贵的建筑项目之一。该项目通过银行贷款和向公众出售股份获得私募资金,最终,原始股东损失了大部分资金。

- 汉堡易北爱乐厅(Elbphilharmonie Hamburg):这项世界级音乐厅项目在启动时,预计成本为7,700万欧元,计划于2010年开放。然而,该项目实际上是在2016年完工,耗资7.89亿欧元,为原始数额的10倍,围绕该项目的争议、诉讼以及无休止的议会调查始终没有断过。

- 美国空军ERP项目:该计划被视为实现空军多种技术系统之间良好互动的解决方案,然而事与愿违,在耗费了7年时间和10亿美元之后,该项目于2012年底被取消。

- 能量过渡计划(Energiewende):这是一个德国的能源项目,旨在实现从矿物能源和核能源向绿色能源的转移(到2022年关闭所有的核电站)。实际上,德国自2009年以来,温室气体排放量就没有出现过下降趋势,然而德国的家庭却不得不承担天文数字的费用。一项研究预计,到2050年,能量过渡计划将会让德国人支付超过1.5万亿欧元的费用。

- 美国平价医疗法案（Healthcare.gov）："平价医疗法案"的王牌网站原计划为美国人提供一个快速、便捷的健康计划登记方式，然而与之相反，在2013年10月1日，网站启动的这一天，网址崩溃了，并没有达到登记的预期，该项目的估算失败成本为6亿美元。

- 澳大利亚海水淡化厂：号称"千年大旱"的12年干旱（2010年结束），促使澳大利亚政府投资近100亿美元，用于建设分别位于墨尔本、阿德莱德、悉尼和布里斯班的4个大型海水淡化厂。国家有关部门在沿海大城市启动了一项声势浩大的海水淡化计划，这些工厂由于运营成本过高而最终被关闭了。

- 壳牌北极勘探活动：2015年9月，荷兰皇家壳牌公司在耗资70亿美元，并声称其楚科奇海上钻井项目将生产出世界一流的石油和天然气之后，撤出了北极。对于这次寻找具有商业量级的化石燃料的努力为何最终无果而返，该公司给出的原因是：北极钻探条件不足，危险性较高；开支不断增加，无法承受；公民对此表示抗议。

- 维吉尔夏日核电站：2017年7月31日，美国南卡罗来纳州正在建设的两个核电项目中的一个被废弃了。这座由西屋（Westinghouse）设计的2,200兆瓦发电站，于2013年开始建设并计划于2018年完成，预计费用118亿美元。然而电站的开发商斯卡纳公司（Scana Corp.）和南卡罗来纳电力和天然气公司（South Carolina Electric and Gas）在估算到完工成本将会激增至250亿美元，并且得知施工进度将推迟至2020年之后，决定停工。项目暂停的决定是在西屋公司宣布破产4个月后出台的，同时也凸显了美国核电面临的财政难题。

同样，令人震惊的数字在其他地方也随处可见。以创业项目为例，自2009年推出以来，领先的初创企业众筹平台Kickstarter已经汇集了超过409,000个项目，募集资金超过33亿美元。其中约147,000个项目，即总数量的36%，已成功获得资助。然而，根据Kickstarter的内部统计，63.75%的受资助创业项目都失败了。

而且，我们不只是从成本超支或延迟交付的角度来看待这些失败的项目，项目失败的原因可能有两个：一个原因是项目本身就是一个不良项目，另一个原因是项目缺乏领导。但无论哪一种原因，项目最终失败都会使得承诺的利益无法兑现，造成一定的社会影响和收入损失。这些结果都是难以量化的，更不用说最初的估算收益是否真的实现。

事实情况是项目支出在不断增加，从现在到2035年每年将有平均3.7万亿美元的针对基础设施的开支，开支增长的速度几乎赶上了GDP增长的速度，然而，除非组织和政府积极接纳先进的项目领导实践方法，否则项目失败的风险依旧会非常巨大。

当然，并非所有项目都是以失败告终。好消息是项目管理中还有很多优秀的例子，例如iPhone、2014年世界杯冠军得主德国队、空客、巴拿马运河的扩建、波音777、港珠澳大桥或者雷诺—日产的联盟等。

这些组织和国家有什么共同之处？他们是如何成功管理项目的？我们可以从中学到哪些经验教训，以确保项目在未来能够取得更大成功，为经济创造巨大财富，为我们的社会带来利益？请继续阅读，去寻找答案。

CHAPTER 05
项目画布

什么是项目画布?
什么可以让项目真正发挥效力?

CHAPTER 05 项目画布

许多被广泛应用的管理类学科通常包含几个简单的框架，无论是管理人员还是普通个体，都能轻松地理解和使用这些框架，而这些框架在某种程度上也给使用者提供了帮助。例如，波特五力①和价值链②分析法促使战略规划成为所有组织涉猎的关键领域，由波士顿咨询集团（BCG）创始人布鲁斯·亨德森（Bruce Henderson）开发的"波士顿增长股份产品投资组合"矩阵帮助我们用一种简单的方式理解产品组合，由杰罗姆·麦卡锡（E. Jerome McCarthy）于1960年首次提出的市场营销的7P（最初为4P）成了帮助我们确定产品或品牌市场供应物的重要框架。上述这四个框架都是在其各自领域里最著名也是应用最广泛的框架，这要归功其创立者简化复杂事物的能力。

相比之下，项目管理的方法却往往由于太过复杂，很难被非专业人士轻松掌握和使用。

被英国《金融时报》誉为管理思想界奥斯卡的"全球最具影响力商业思想家50人"榜单的两位创始人斯图尔特·克莱纳（Stuart Crainer）和德·迪尔洛夫（Des Dearlove）曾经对我讲过项目管理之所以被忽视的原因。

人类总有一种让事物过度复杂化和重新被发明创造的冲动，这种冲动在管理思想领域尤为明显，具体表现为观念被无休止地重新命名，重新使用。许多经理认为项目管理听上去太直白，还显得有些传统，因此，他们想要一些新的、复杂的东西，甚至是一些能彰显地位的东西。人们似乎并没有注意到，项目管理本身就是复杂的、多方面的、普遍性的。而由于项目管理没有被真正纳入商学院的教学中，人们就更不会对项目管理进行深入的了解了。

正如我在第三章中所述，现代项目管理方法主要是在20世纪70年代和80年

---

① 波特五力：迈克尔·波特（Michael Porter）于20世纪80年代初提出，行业中存在着决定竞争规模和程度的五种力量，分别是同行业内现有竞争者的竞争能力、潜在竞争者进入的能力、替代品的替代能力、供应商的讨价还价能力、购买者的讨价还价能力。

② 价值链：由迈克尔·波特于1985年提出，全球价值链概念提供了一种基于网络、用来分析国际性生产的地理和组织特征的分析方法，揭示了全球产业的动态性特征。

代,由专家级从业人员(最初大多数是工程师)为从业人员(同样主要是工程师)开发的。他们最初的目标是定义标准的项目管理流程和阶段,同时建立起不分区域、规模、复杂程度和行业的可以用来计划和控制所有类型的项目的共同术语、角色、技术和模板。

项目管理协会的项目管理知识体系,即人们更为熟知的PMBOK,被看作是项目管理的全球黄金标准。20世纪80年代后期,项目管理协会注意到,有必要将所有正规文件和指南整合在一起以改进项目的管理方式。1987年,PMBOK首次由项目管理协会以白皮书的形式发布,其目的在于对公认的项目管理信息和实践进行记录,使其更加标准化。PMBOK的第一版于1996年发行,成为项目管理专业的重要工具,发行量超过200万份。

2017年,PMI推出了第六版《PMBOK指南》,共有756页(如果将附带的《敏捷实践指南》包括在内,则总共有924页)。与第五版PMBOK(仅有589页)相比,第六版是自该指南出台以来最大的一次内容更新。仅《敏捷实践指南》就有182页。在第六版中,与项目管理相关的独特的工具和技术的数量从118个增加到131个。

表1 项目管理复杂性的指数级增长可以通过PMBOK的增长来说明

年份	版本	页数	知识领域	项目管理方法
1994	征求意见稿	64	8	37
1996	第一版	176	9	37
2000	第二版	211	9	39
2004	第三版	390	9	44
2008	第四版	467	9	42
2012	第五版	589	9	47
2017	第六版	756	9	49

一本756页的书是一份非常丰富详细的文档,里面含有大量为高级项目经理

准备的技术性信息。然而，领导人和行政人员几乎都读不懂，更不用说普通人了，这与前面提到的简单明了而又富有洞察力的框架真是相去甚远。

一直以来，人们对项目管理方法的核心假设是，详细记录项目的各个方面，有助在项目实施过程中对所计划的活动进行高度控制。但结果是，许多项目经理制作了大量的文件和成堆的文案，让人从总体上感觉，项目经理这个职务是行政性质的，而这种行政性质的工作经常被认为是低附加值的，与组织中最重要的位置毫不相干。那些对高层管理者最重要的因素——项目的基本原理、商业论证以及给组织带来的利益，往往不是现有项目管理方法中的相关部分。

关于传统的项目管理技巧，我要谈到的最后一点是，当项目实施的环境（内部的和外部的）是稳定的，而且结果是可预测的和固定不变的时候，这些方法没有问题。但在错综复杂、瞬息万变的生态系统中，它们就不灵了，而大多数组织当前所面临的运营环境就是这种生态系统。

在这种情况下，《敏捷宣言》触发敏捷法的兴起就是顺理成章的事情了。《敏捷宣言》是由17位具有独立思想的软件从业者于2001年2月撰写的，他们认为"个体和互动胜过流程和工具，好用的软件胜过详尽的文档，客户的协作胜过合同谈判，响应变化胜过遵循计划"。这一新的方法论意味着，在这个由IT和互联网驱动的不断变化着的环境中，项目管理中的一些基本假设被彻底推翻。它意味着，关注点正在从严格的、长期的、详细的规划转移到灵活的、短期的、迭代的进程。敏捷法消除了开发人员在以受控的、结构化的方式工作时所承受的大部分负担，权力从项目经理转移到IT开发人员手中。事实证明这种方法非常成功，敏捷法受到了高科技企业乃至世界上几乎每一个IT部门的热情欢迎。随着软件产品自身正在成为几乎所有组织的关键性驱动因素，敏捷法如今也已经扩展到了工作的绝大部分领域。在后面的第八章谈到敏捷组织的时候，我将会进一步解释，这一切都是一种迹象，预示着项目革命的到来，以及它会持久地进行下去。

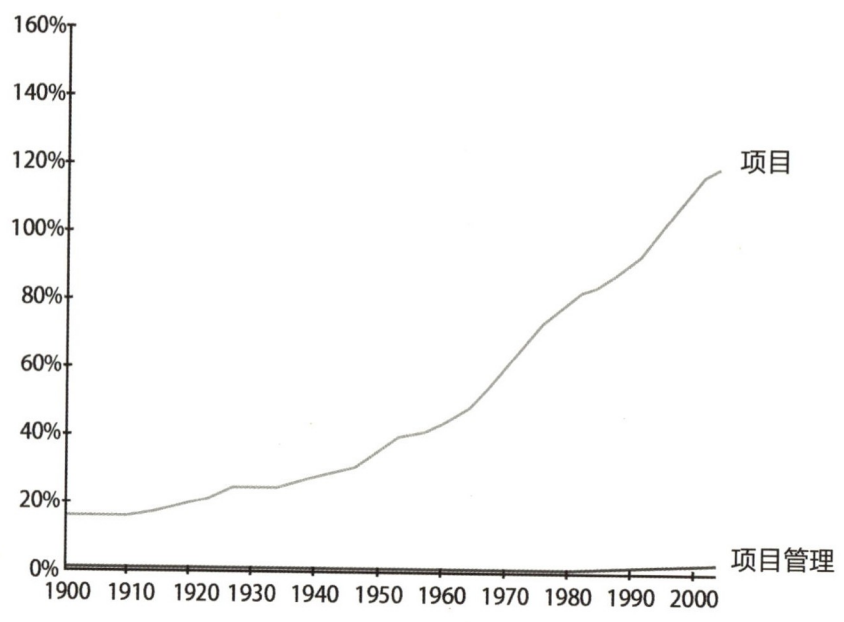

图4 差距：证明项目管理非专家可理解和使用的证据

总而言之，上述这些知识和最佳实践的巨大价值是毫无疑问的。但是，我们来看一下图4，该图显示的是利用Google Ngram Viewer访问的书籍语料库中"项目"和"项目管理"这两个词各自出现的次数。从图中的对比可以看出，尽管项目数量的增加是惊人的，每个国家、地区、组织和个人都在实施着大量的项目，但是项目与项目管理之间出现严重分离的现象，而且两者之间的距离还在继续加大。而我刚刚解释的复杂性是想说明，极少有人使用任何形式的项目管理方法。

我始终认为，一定存在某种方法可以用来开发出一套简化版的项目管理概念和工具，任何个人、企业、官员或组织都可以很轻松地将其应用于任何类型的项目，我的这一信念就体现在项目画布中。这是一个全新的框架，它将缩小项目和项目管理之间的距离，让更多的最佳实践被采取，从而创造出更多的成功项目。

在我作为高管教育者20多年的职业生涯中，曾与数百位对项目管理不了解或者不感兴趣的领导者合作。这当中的困难有：首先，现有的教学方法和课程过于复杂；其次，还要培训项目经理们用技术术语去谈论大多数利益相关者并不感兴

CHAPTER 05 项目画布

趣的事。而领导者们以及与受项目影响的各方主要想知道的是项目的目的、利益、影响、能使项目成功的关键要素以及他们应该"如何"为此发挥自己的作用，因此，他们对合作期间遇到的困难并不关心。

为了应对向高管和MBA学生传授项目管理知识的挑战，我开发了项目画布。因为如果我想让他们的积极性和兴趣保持一段时间，就必须要避开那些专业术语，简化语言以及项目管理的工具和方法，以便每个人都能够理解和使用这些工具和方法。

我的这个框架是基于另一个前提的，那就是每个项目，无论是哪种行业、组织（营利性的或非营利性的）、部门（公共的或私人的），也无论是个人的还是专业的，都是由完全相同的要素组成的，而这些要素决定着项目的成功与失败。如果个人、领导者和组织能关注这些要素并采用其背后的方法，那就几乎可以保证项目的成功。

此外，作为一名从事专家职业的人，与学术界和咨询领域的其他管理专家相比，我具有独特的竞争优势，我曾经是法国巴黎银行的前主管，现任葛兰素史克疫苗事业部全球项目管理办公室的主管，我能够在现实中检测哪些是有效的，哪些是无效的。而且，我发现大多数标准的项目管理理论与现实脱离得太远，这一点已经不足为奇。就像有句俗话说的："理论上讲，理论和实践是一样的。实际上讲，它们是不一样的。"

我所提出的改变无意于驳斥项目管理的方法，相反，这些改变应该会让它们更易于理解。我想要使这些方法得到普及，我也并不反对敏捷法，我非常喜欢它所带来的新的改进和观念模式上的转变。而且，项目画布也利用了这些概念中的一些想法，并且能够让任何正在应对项目工作的人，在需要的时候采用这些想法。

项目画布由14个维度组成，经过研究验证，这14个维度是能够影响和决定项目是否成功的要素。这14个维度分属于4个主要的区域，每个区域也可以称作是专业知识领域，在一定程度上，这4个区域也对项目是否成功有着重要的影响，分别占有一个特定的权重，以百分比表示。这4个区域分别是：

- **为什么（why）：** 基本理由、预期收益以及成功启动和实施项目的目的和激情（约20%）。
- **什么人（who）：** 问责制和企业管理体系，用以确保项目的资源筹备及交付（约20%）。
- **是什么（what）、怎么样（how）、什么时间（when）：** 项目的硬要素（定义、设计、计划、里程碑、成本、风险、采购）以及软要素（动机、技能、利益相关者、变革管理、沟通）（约50%）。
- **环境（where）：** 项目实施所处的组织、文化、优先事项和背景（内部和外部）（约10%）。

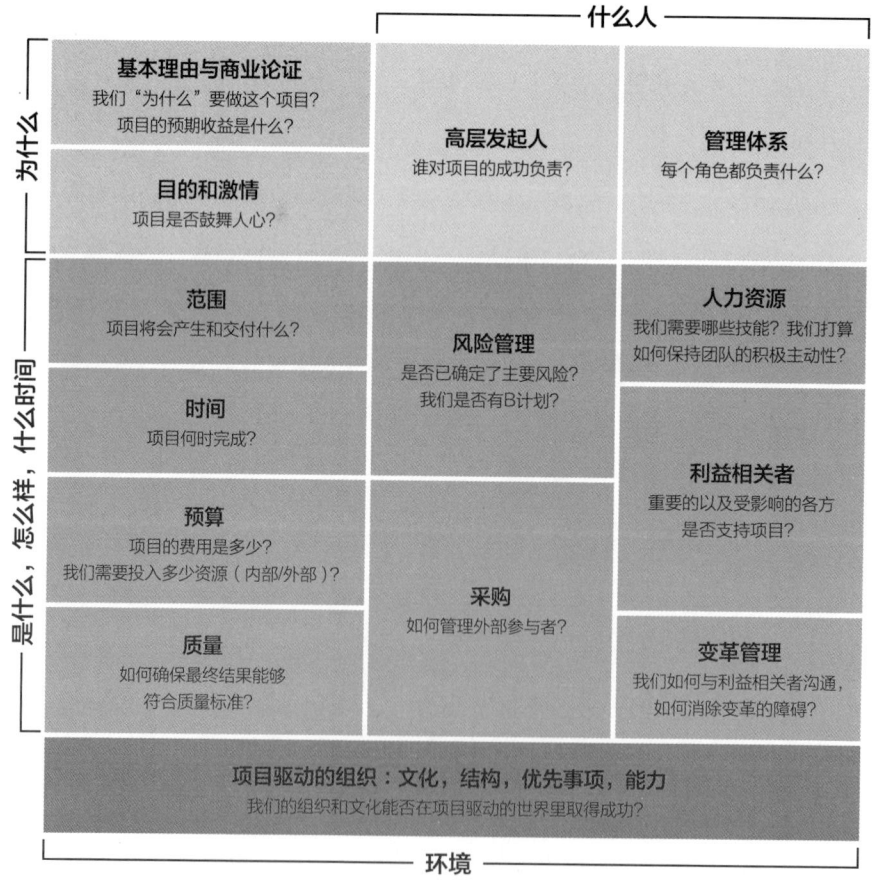

图5 项目画布：4个区域,14个维度

在一些项目中，4个区域所占权重肯定会有所不同，某个区域的权重可能会比其他区域的大。但作为项目的负责人、委托人或发起人，你需要确保兼顾到所有区域。

那么，是什么让项目画布这一新的项目管理框架，能够独树一帜，有别与其他现有的项目管理方法呢？

- 它是专为高管、专员和经理设计的，但同时也适用于职业新人——学生、千禧一代等。
- 它简单而多用，可供任何人在任何项目中使用。
- 它侧重价值和收益，而不是流程和控制。
- 它鼓励更快地产生效益和影响。
- 它确保每个项目都有一个目的并且与组织战略保持一致。
- 它侧重实施而非规划。
- 它将视野延展到传统的项目生命周期之外，将项目前期和后期阶段纳入考虑范围。
- 快速灵活，允许随时根据需要对项目进行更改。
- 它将项目经理转变为真正的项目和组织的领导者。
- 它显著增加了项目成功的可能性。

该框架可以供领导者和组织在项目开始阶段用来评估项目的定义，判断是应该立即启动项目，还是需要对项目再做进一步的完善，它可以应用于各种计划、战略行动以及任何其他可以被视为项目的活动。

项目画布是否成功取决于以下12个方面：

1. 准备一份全面的商业论证是一个艰难而漫长的过程，然而项目在启动之前，这份商业论证需要有明确的理由、目的以及与某个更高的策略之间的关联。

2. 一位积极主动、持续向前、全面参与的高层发起人，对项目是否取得成功会起到关键作用。

3. 实施项目就是对现状进行调整和改变，遇到阻力是预料之中的事，因此，在项目早期阶段，就应该对可能遇到的问题加以考虑和解决。

4. 负责实际管理的项目经理必须是真正的领导者，他们必须理解项目的内容，同时还要监督具体的活动，以确保成功完成任务。

5. 重视人胜过流程，项目总是需要有主动性的人来领导、运行、执行和完成。

6. 项目的失败并非总是坏事，通常这是一个学习、完善和更多地关注相关项目的机会。

7. 不确定性是项目的本质，风险管理对项目管理是至关重要的。

8. 对初始项目计划和要求的更改极有可能会发生，因此，敏捷性自始至终必不可少。

9. 与传统的层级制组织相比，项目驱动的组织允许跨部门工作，有更大的灵活性，能更快地响应竞争和不断变化的市场条件。

10. 项目的优先排序对提高项目执行的成功率至关重要。

11. 项目绩效指标应侧重于结果（效益、价值创造、影响、机会和风险），而不是投入（成本、时间、材料和范围）。

12. 项目不能永远持续下去，即使有时并非所有的任务都能全部完成，但项目必须结束。

除了葛兰素史克疫苗事业部和法国巴黎福通银行之外，项目画布已在多个组织中成功实施，这些组织在投资回报率、培养执行驱动型思维模式和文化方面都取得了显著的、切实的进步，这些组织有：

- 一家领先的法国—荷兰金融交易公司
- 一家领先的瑞士生物技术跨国公司
- 一家世界前十的电影集团，在欧洲和北美拥有100多家剧院
- 一家总部位于美国的顶级企业律师事务所，世界上最负盛名的律师事务所之一

现在，让我们来逐一了解这4个区域及其14个维度。所有这些要素在每个项目中都会或多或少地出现，除了给出说明和实例之外，我还会在每个维度中添加一些建议提出的问题，这些问题的答案将会为项目提供与之最相关的信息。还有一些有关所使用的工具的部分，其中有许多是可用的，但是我选择了一些最直接、最不复杂和最容易应用的，同时也是我最常用的内容。

区域1：为什么

"为什么"这一区域涵盖项目的触发因素和现实意义，即项目的基本理由、商业论证、目的和激情，项目投入实施后，这些将成为项目的驱动因素。驱动因素是为了赢得组织的赞同和资源，获得高层管理者的关注和时间，使团队成员全部参与，获取受项目影响的个体的支持。

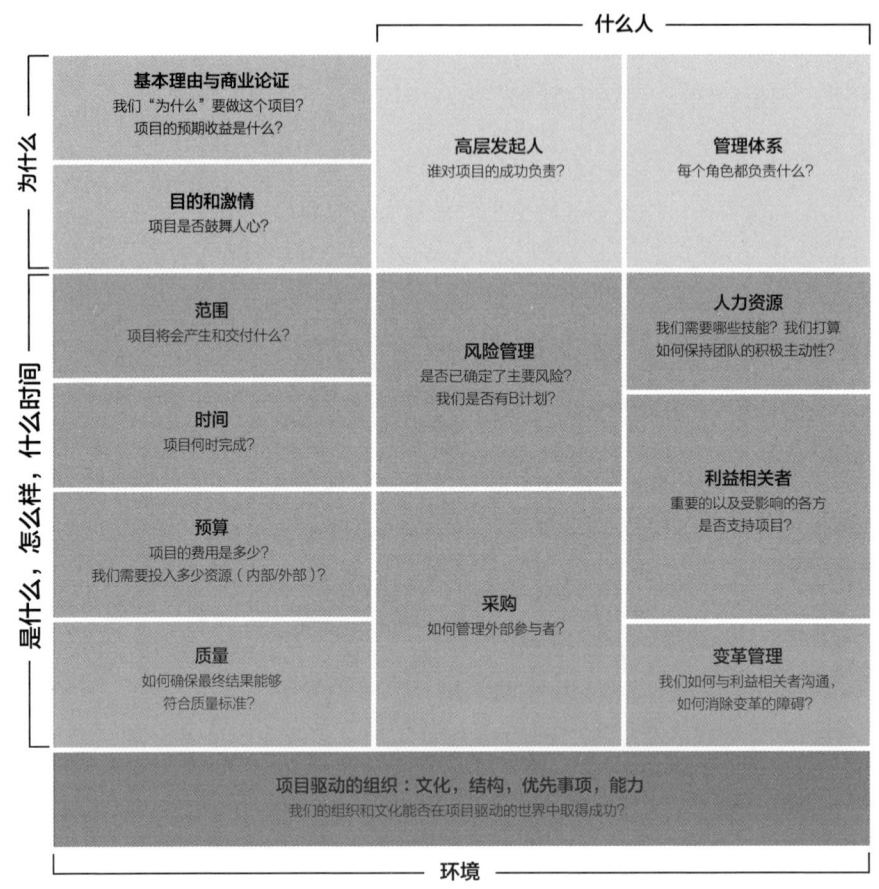

图6　项目画布：区域1，为什么

基本理由和商业论证

所有的项目管理方法都要求项目始终要有一个明确定义的商业论证，然而，经验表明，商业论证会带有偏见和主观假设，特别是在项目所产生的经济利益方面，为了使项目看起来对决策者更具吸引力，这些内容往往会被夸大。你见过有谁在推介项目时，会谈到它的回报是负的或是极其微小的吗？

一个最广为人知的例子是协和号（Concorde），这是一架由英法合资生产的涡轮喷气发动机驱动的超音速客机，在1976年至2003年间运营。该项目的商业论

CHAPTER 05 项目画布

证声称市场需求量巨大，预计将会售出350架。结果，法国航空公司和英国航空公司是唯一购买和驾驶协和号飞机的航空公司。公司最终生产了20架，售出14架，损失至少40亿英镑。

在备受瞩目的项目中，有数百个预测过于乐观的案例，另一个未能实现预期收益的突破性项目是德国的能源转型项目。正如我在第四章中所述，该项目目前的收益非常有限，然而截至2050年，德国纳税人却要为此支付1.5万亿欧元的费用。能源转型项目的问题在于其目标过于乐观，而且这个项目是基于错误假设的，尽管目前有一些进展顺利的迹象，但这样的一个项目仍将付出巨大代价。

不要误解我的意思，我并不是说所有的商业论证都是无用的，事实上，商业论证的准备是一项非常有帮助的活动，它既不能被忽略，更不能打折扣。对商业论证的思考、研究和对选项的分析，有助我们深入了解项目，帮助我们判断是否值得对其进行投资。不过，我还是建议应该谨慎对待商业论证及预期回报（财务数据），尤其是预期收益。根据我的经验，评估成本在某种程度上往往比评估收益更准确，因为收益会受很多不确定因素的影响，而且评估的收益往往是数年的幻想。

我的建议是从项目的基本理由出发进行思考，来补充商业论证的不足。

如果用一种非常简单的方式来概括的话，项目启动的主要理由有两个：一个是解决问题，另一个是抓住机会。我们打算通过这个项目解决什么问题？例如，20世纪90年代开始的卢旺达和解项目，它的目标是解决卢旺达国内图西人和胡图人之间因多年战争造成的各种问题。我们打算通过这个项目抓住什么机会？例如，波音777项目，它的目标是抓住商业航空航天市场中存在着的一个巨大机遇。航空公司的客户需要更宽的机身横截面、完全灵活的内部配置、短距离到洲际距离范围内的航行能力以及低于现有机型的运营成本。

如果不能轻松简单地回答这两个问题中的任何一个，那么你应该避免启动项目，而且要继续深入研究，直至找到项目背后真正的理由。

项目应该有一个明确的理由和至少一个SMART目标，这个SMART指的是项目的具体性（Specific）、可衡量性（Measurable）、行动导向（Action-oriented）、相关性（Relevant）以及时限性（Time-based）。每个项目都应该有至少一个明确的、易记的目标，并且这个目标应该与终极目的相关联。理论上讲，商业论证里面应该有一个详细说明的目标陈述，但实践告诉我们，这些内容通常会在无边的信息旋涡中被稀释掉了。利用SMART方法为项目制定一个单一的目标是一项必要的措施，但大多数项目经理在谈论其项目时，并不会讲项目要实现的目标，他们会花大部分时间来讲项目的产品或交付物，与此同时会提到新软件、新平台、扩展计划、新公司的价值、重组、数字化转型项目……所有这些都是枯燥无味的，无论是组织还是个人，都无法从中受到激励，更不想投入到项目工作中去。

但有必要强调的是，对于项目基本理由和关键目标的论证都不应过于乐观，更不应基于错误的假设。项目经理和发起人必须确保目标是现实的，更理想的状态是，这个目标有难度但仍然可以实现。

需要问的关键问题

- 项目是否具有可靠的商业论证和明确的基本理由？
- 项目是否有明确的目的以及至少一个可量化的目标？

使用的工具

SMART目标法：《管理评论》1981年11月刊中，载有乔治·多兰（George T. Doran）撰写的一篇论文，名为《撰写管理目的与目标的S. M. A. R. T.方法》。从那时起，SMART目标法便成了将人的注意力集中到真正重要的事情上，并且消除干扰的一个必不可少的工具。每个成功的项目都要有至少一个明确表达的目标。SMART是以下五个要素的首字母缩写：

- 具体性（Specific）：回答项目的"什么人"和"什么"的问题。
- 可衡量性（Measurable）：关注项目将产出"多少"的问题。

- 行动导向（Action-oriented）：触发实现项目目标的实际行动。
- 相关性（Relevant）：准确地针对项目的目的。
- 时限性（Time-based）：具有一个标示何时达成目标的时间范围。

SMART目标法的一个标志性例子是约翰·肯尼迪（John F. Kennedy）的登月项目，肯尼迪想要让美国成为第一个在20世纪60年代末之前将人类送上月球的国家。

如何确保项目成功

如果一个项目的理由不清晰，没有目的，目标不精准，那么启动这个项目很可能会导致项目的失败。目的和利益的清晰明确不仅对投资的决策很重要，它也是激发团队成员以及整个组织能够积极主动地支持项目的关键驱动因素。

目的和激情

目的和激情是项目画布中两个新的元素。

除了要有基本理由之外，项目还应该与一个更高的目的相关联。吉姆·柯林斯（Jim Collins）和杰里·波拉斯（Jerry Poras）提出了一个非常有用的关于"目的"的定义，在此我们可以对其稍做改动。

项目的目的是其存在的根本原因，而有效的目的能够反映出人们对项目工作的重视，这一有效的目的正是利用了人们的理想主义动机，除了赚钱，达成这个最终的目的也是人们的愿望。项目的目的与人们最终的目的相关联，人们自然而然就会重视项目工作，项目因此也就有了存在的理由。

激情是一种非常强烈的感觉，可以是一种对某事物的情感纽带，也可以是一种对某事物的坚定信念。当你在某件事上投入了超过必须的精力的时候，那就是激情。激情远不仅仅是热情或者兴奋，激情是一种志向，是为了实现更远大的事业而被具体化为行动。激情与目的密切相关。如果激情和目的相一致，那么项目的成功几乎是可以保证的。怪胎记者兼小说家亨特·汤普森（Hunter S. Thompson）曾经说过："任何让你血脉偾张的事情都是值得做的。"

人的力量是巨大的，当人们所从事的项目与其目的和激情联系在一起时，他们可以做出超出自己想象的惊人之举。优秀的项目领导人知道，以人心激发人的力量是可以做到的。

激情的可爱之处在于，人们不必在某件事上成为达人之后才能对它产生激情。史蒂夫·乔布斯不是世界上最伟大的工程师、销售人员、设计师或商人，但他在所有这些领域都能以其独特的方式表现得非常出色，而且，在目的和激情的驱使下，他完成了更伟大的事情。反过来也是一样，对项目缺乏坚定的信念也可以迅速地传染给团队的其他成员。战略实施大师杰若恩·弗兰德（Jeroen De Flander）认为，激情是激发旅行家启程的情感纽带，成功的战略家首先瞄准的是人心。

需要问的关键问题

- 人与项目之间的情感联系是什么？
- 是什么让人们自愿参与到项目中来并且为项目做出贡献？

使用的工具

选择目的：在定义项目的目的时，明确性和一致性是问题的核心。目的不应该是些花言巧语，相反，目的的表达必须是真诚的，而且必须要让人感到有意义。下面的这些问题可以帮助你确定项目的目的：

- 这个项目为什么很重要？
- 如果不去实施这个项目，将会失去什么样的机会？
- 项目对什么人最重要？项目发起人，项目领导者，还是所有人？

- 人们为什么会愿意将宝贵的时间、精力和激情投入这个项目？

找到项目目的的另一个更简单的方法是问这样一个问题："你为什么要做这个项目？"这个问题通常需要问五到七次之后，你才能找到事情的本质。一旦你有了真正的理由，就要开始问"何时"和"多少"的问题。这样做之后，如果你没有得到任何具体的东西，那么我强烈建议你不要启动这个项目。

用于查找项目激情的问题：

- 项目中是否存在情感因素？
- 是什么让这个项目伟大而且独特？
- 从现在开始的10年后，人们还会记得这个项目吗？
- 哪些方面会促使人们自愿参与到项目中来并且为项目做出贡献？
- 项目的激情是否与项目的目的相一致？

创作和分享故事，正如杰若恩·弗兰德曾经对我讲过的："故事能让你想传达的信息变得更具有吸引力。将你的信息包装成一个故事，它会让听众比原来轻松20倍地记住。"故事能将信息置于一个人们能与之产生共鸣的环境之中，此外，故事还有另外一个好处，那就是促进情感的相通——"故事直达心灵"。最后，故事让人喜爱的地方在于，你不必发明它，你只需发现它。

正如世界顶级的商业哲学家安德斯·因赛特（Anders Inset）曾经对我说的：

贝索斯不是在使用PowerPoints，他是在讲故事。现在人们正在挖掘这一方法，深入地理解话题，努力让自己的叙述方式形象化。这是项目取得成功的方法，我坚信这一点。

如何确保项目成功

心理学家针对积极的思维和"相信成功"对个人的影响进行了广泛的研究。事实上,成功是一种能够自然而然实现的预言。当我们期望成功时,就会主动调动内部资源以实现期望的结果,所有这一切都是在未经过理性认同的情况下发生的。而且,当他人相信我们时,我们的动力就会得到加强。这就是为什么项目领导人必须创造一个积极向上的环境,在这里,成功会得到称赞,而项目的困难会被淡化,从而在团队中培养出一种乐观自信的精神和态度。人们需要有相信他们的人,才能让自己相信自己。

区域2:什么人

与"**什么人**"这一区域相关联的是项目的高层发起人和管理结构,这一区域所涉及的要素包括问责制和责任分配。一个组织和企业都有一位负责运营并对其负责的首席执行官,项目也应该是这样。在项目中,这一角色就是项目的高层发起人,也就是项目的最终负责人。然而,通常情况下,项目中的这个角色要么不被理解,要么没有发挥本身的作用。因此,在行动开始时,建立一个明确的管理结构也是至关重要的。

CHAPTER 05 项目画布

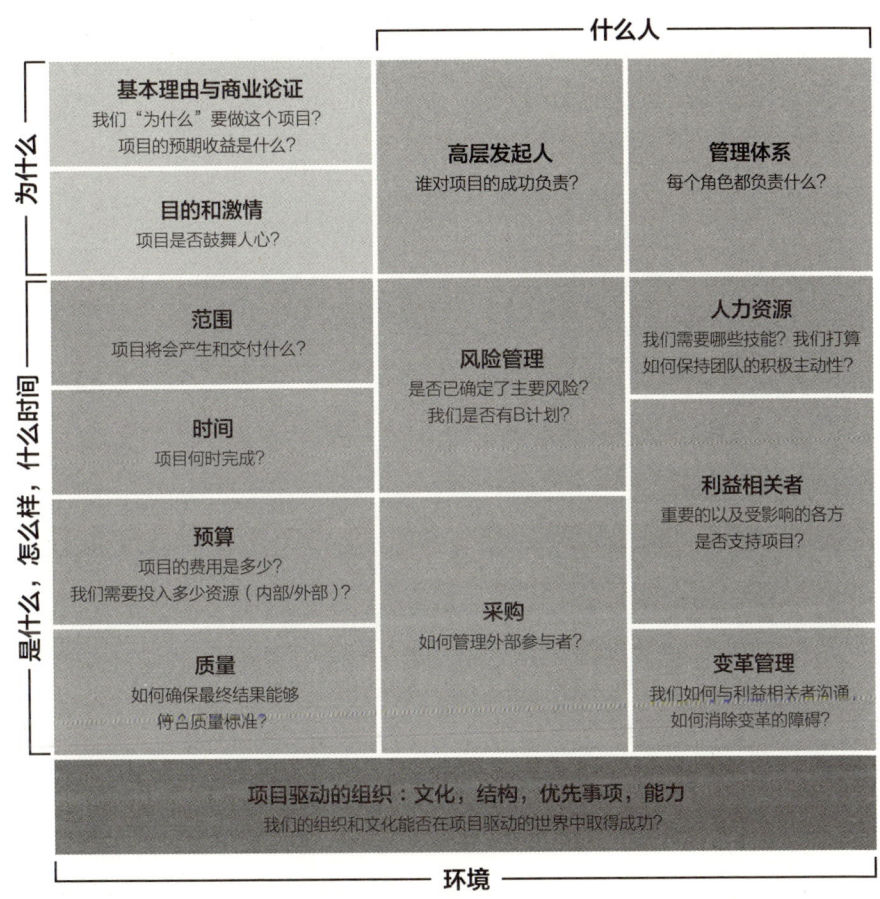

图7　项目画布——区域2：什么人

高层发起人

通常情况，在还没有决定由谁负责的情况下，许多项目就已经启动了。由于项目往往会跨越不同的国家、单位和部门，因此，项目经常会由多方共同发起并负责。这样做的结果是，虽然许多高层管理者觉得自己负有责任，但却没有一个真正负责推动项目最终完成的具体的责任人。

在许多项目中，对高层发起人的选择没有一定的硬性标准。这个角色通常被看作是具有象征意义的东西，是一种权威的体现——"我发起的项目越多，我的权力就越大"，这是导致系统性项目失败的最常见的原因之一。

组织必须清楚地认识到，在任何项目中，高层发起人都是最重要和最有影响力的角色之一，而对于那些具有战略性和横向性的项目，更是如此。项目越复杂，高层发起人需要付出的时间就越多，其作用也就越重要。

有一次，我与一家大型全球电信公司的首席执行官交谈时，他坦率地说："我目前是18个项目的高层发起人，我给其中5个项目的负责人和团队提供支持，并且在其中担任指导委员会主席，相比较之下，这5个项目的进展情况比另外13个同样由我发起却没有任何投入的项目要好得多。"

让我们来看一个由高层负责项目发起的实例。2007年8月6日，在布鲁塞尔和乌特勒支分别召开的富通银行股东大会上，超过90%的选票支持欧洲有史以来的一次最大金融业收购。富通银行、苏格兰皇家银行和西班牙桑坦德银行共同出价710亿欧元（多半是现金），收购荷兰最大的银行——荷兰银行。2008年10月3日，富通银行在遭遇了针对荷兰银行的联合收购后，因其自身部分的融资困难被迫解散。在获得比荷卢各国政府的救助后，其位于荷兰的保险和银行子公司被荷兰政府国有化并被重新命名为荷兰银行，随后富通在比利时的银行业务被廉价出售给法国巴黎银行。

在该项目惨败之前的14个月内，最重要的高层发起人，富通银行首席执行官让·保罗·沃顿在阿姆斯特丹仅仅出现过两次。分拆和整合被收购的荷兰银行是一项巨大的挑战，不仅遇到了巨大的阻力，还面临着决策的困境。富通银行首席执行官的不露面被昔日荷兰银行的董事和员工视作一种软弱的表现，于是他们利用了这一点，不支持拆分项目，躲避重要信息（如客户数据）的共享，而这些信息是推进项目在紧迫的最后期限之前完成所必需的。一些关键性的决策（例如管理人员的任命）原本需要快速制定，然而最终却花费了数周甚至数月才完成。最后，银行最重要的战略性举措缺乏来自高层的支持，这是导致项目失败以及让股东价值损失超过200亿欧元的主要原因之一。

需要问的关键问题

- 是否已任命了高层发起人？
- 高层发起人是否愿意付出足够的时间（根据项目阶段的不同，一个战略性项目需要他们投入20%到40%的工作时间）来推动项目取得成功？

使用的工具

核对清单：如何选择合适的高层发起人

大多数情况下，高层发起人是根据项目的起源之处自然选择的。但是，下面的这些标准或许可以帮助你找到正确的人选：

- 在项目的结果中拥有最大的既得利益；
- 财务和资源预算的责任人；
- 在组织中有足够高的地位，能够在预算上做决策；
- 愿意每周抽出至少一天的时间用来支持项目；
- 最好是对项目的技术事项有很好的了解。

核对清单：高层发起人的责任

- 确保项目的战略意义；
- 批准立项，设立项目基金；
- 获取来自重要利益相关者的支持；
- 解决冲突并做出决策；
- 可接近并且易接近——随时为项目领导者提供支持；
- 参加定期审核；
- 担任指导委员会主席；
- 鼓励员工；
- 支持项目完工审核；
- 对项目负有最终责任。

《哈佛商业评论》中的一篇文章《如何成为一名有效的高层发起人》针对该角色应该达到的要求提出了非常深刻的见解。

如何确保项目成功

任命最合适的高层发起人，这个发起人是一个人，而不是很多人。高层发起人将对项目的结果负责，项目应该成为他们的优先事项。

管理体系

高层发起人和项目经理应该共同定义项目的管理体系，将项目的管理体系展示在一张项目图表上，图表中也应该详细定义项目中不同的相关角色和决策机构。

项目管理中的最重要机构之一是指导委员会，该委员会由高层发起人担任主席，由项目经理负责运营，委员会的成员以及成员召开会议的频率通常决定了项目对组织的重要性。我曾经参与过一个针对两家欧洲银行的大型整合项目，该项目中，由首席执行官担任主席的指导委员会每天下午5点开会，讨论合并的情况，你可以想象这会给组织带来怎样的压力。对于我们所有人来说，整合项目很显然是第一要务，而且我们必须每天都要有所进展。相比之下，我参与过的另一个项目，每三个月才召开一次指导委员会会议，而且，由于还有其他重要事项，大多数高层领导并没有出席会议，而出席会议的人几乎不记得这个项目的内容。结果是，第一个项目非常成功，第二个项目完全失败。

管理体系中的第二个要素是项目的核心团队，核心团队里的每个人都要把他们的大部分时间用于设计、规划和开发项目。而项目中的每一个参与方都应该在核心团队中拥有一名成员，包括主要的供应商（顾问和分包商）。项目经理负责协调和监督核心团队的活动和进展，每周召开一次核心团队会议，当项目遇到困难或接近关键里程碑的时候，应该提高核心团队会议召开的频率。

项目会面临以下三个组织层面的挑战，这些不仅是高管们应该注意的，同时也是管理体系要解决的问题：

资源通常并没有全职投入项目工作，而是同时承担着其他责任。例如，有一位Java开发专家，她的主要工作是维护网站的正常运行，现在她被要求加入一个数字化项目。但是她当前的职责没有被改变，因此，她在战略性项目中的工作需要在其日常工作之余进行，这样一来，就对项目进行的速度产生了影响。

除了项目领导以外，资源还有其他汇报对象。例如，某个法律专家参与了GDPR（通用数据保护法规）项目，该项目由业务副总裁领导。这位法律专家不参加项目团队的每周例会，尽管副总裁试图劝说法律专家参加会议，但由于她不负责向他汇报，所以她觉得没有义务听从他的指示。

部门目标与项目目标不同，而且前者通常比后者更重要。例如，某位财务总监需要参与一项公司范围的大型项目的商业论证的准备工作，然而，他的直接上司——首席财务官，正在努力完成年度报表而完成这个报表是财务部门的一个重要目标。尽管该项目的完成期限十分紧迫，但是否愿意配合，则完全取决首席财务官。

如果没有一个强有力的管理结构，组织的惰性会致使项目之间相互争夺资源和关注度，最终将导致项目的延迟和失败。

为了解决这些组织问题，高层领导者需要在支持项目和提供完成工作所需的资源和时间方面发挥关键作用。因此，大型横向性项目如果想要取得成功，高层领导者就必须要承担起组织结构图中所体现的其在指导委员会中的角色和责任，而核心团队和项目的不同贡献者也应该反映在结构图中。

需要问的关键问题

- 项目指导委员会及其召开会议的频率是否已经确定？
- 项目核心团队及其召开会议的频率是否已经确定？
- 被任命和选定的成员是否承诺参与项目并为项目的成功做出贡献？

使用的工具

核对清单：建立和运营指导委员会的最佳实践。

- 项目是否需要重大投资，是否会影响到国家、地区和组织？
- 是否确定了有哪些资源、部门、供应商、合作伙伴及其他各方应该为项目做出贡献？如果其中的任何一方牵涉到总预算的10%或以上，那么它应该加入指导委员会。
- 指导委员会中（资源、资金等方面）预算责任人的成员是否有足够的决策权？
- 项目需要多大程度的动力和压力？动力和压力越大，指导委员会召开会议的频率就应该越高。

利用责任分配矩阵（RACI）来反映项目中人员的责任，这是一个简单的工具，用于实现重要活动在项目和核心团队中的各种角色之间的交叉匹配，这一工具可以详细地反映哪些人应该做哪些工作：

- 负责：执行活动；
- 当责：活动的最终责任人；
- 被请示：需要向其请示并且为项目提供资源输入的个人或团体；
- 被告知：应该被告知的个人或团体。

如何确保项目成功

应该定义一个强有力的管理结构，以确保组织力量的投入。应该明确角色和责任，确保所有贡献者和核心团队都能知晓其所扮演的角色，了解其团队需要付出多少时间和资源。

最后，将决策者层级中的高层职位——预算责任人，指派给指导委员会，并确定会议召开的频率。指导委员会应至少每月召开一次会议，对于战略性项目，每两周召开一次指导委员将会形成推动力。会议的频率越高，项目的压力就越大。

区域3：是什么，怎么样，什么时间

"是什么，怎么样，什么时间"区域涵盖了构成项目的基本要素，这些基本要素可分为两部分：技术层面和与人相关的元素。这些要素是项目的基础，包括硬要素（定义、设计、计划、里程碑、成本、风险和采购）和软要素（动机、技能、利益相关者、变革管理和沟通），在正确的时间以足够的深度处理这些要素将会增加项目成功的机会。这个区域不同其他三个区域，必须由组织的高层来进行处理，对本区域基本领域的管理是项目经理的职责。

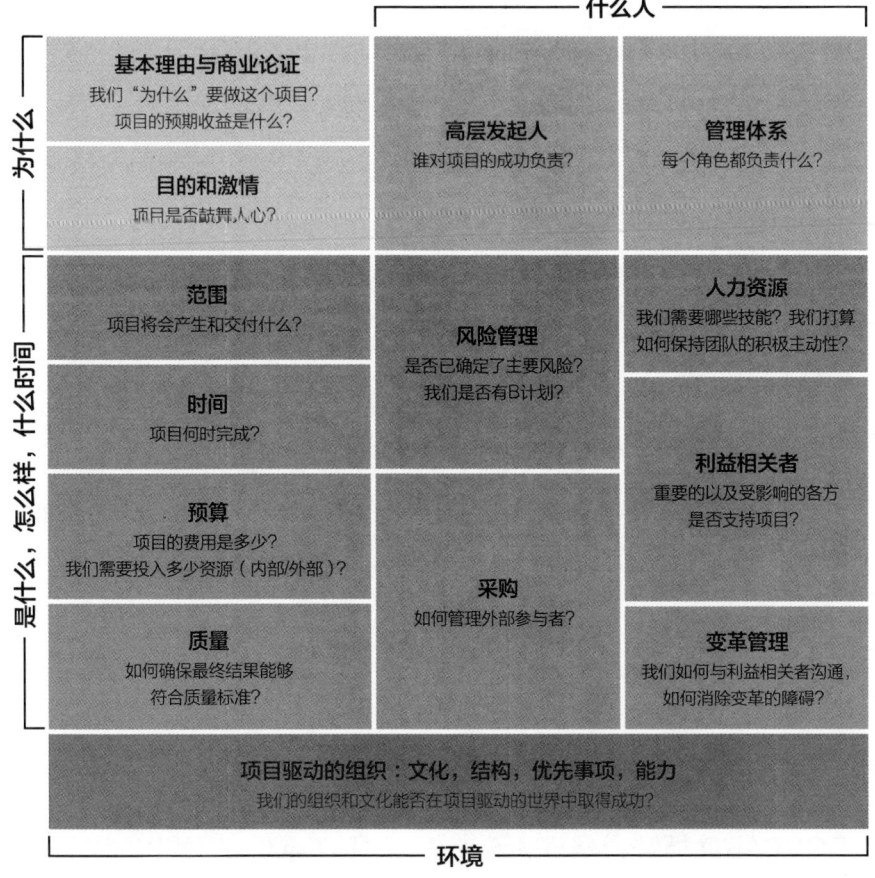

图8 项目画布——区域3：是什么，怎么样，什么时间

范　围

　　理解并商定项目的范围——清楚地了解项目将要包含什么内容，需要交付什么结果，是项目管理之所以存在的理由之一，表达项目"范围"的术语还包括"规范""详细要求""设计"和"功能"等。范围是准确估算项目成本、工期、计划和收益最重要的因素，尽管有各种各样的工具可以用来测定项目的结果，但预测结果仍然是最困难的任务之一。

　　对于有些类型的项目，例如房地产开发计划，在项目的初期阶段，我们很有可能或多或少地明确界定其范围。然而，对于另外一些项目，例如，数字转换计划，我们却无法在初始阶段准确测定其范围，因此，在项目开始时期所估算的项目时长和成本大多数是错误的。从根本上讲，如果项目的范围不清晰，那么估算的时间和成本将会是完全错误的。

　　另一个常见的挑战是，即便在项目开始阶段已经清晰地界定了项目范围，它也很可能在项目的生命周期中发生变化（亦称为"范围蔓延"），此时的变化会再次影响到项目的时长、成本、计划和收益。范围的变化越大（比如，在设计、要求、功能、特征方面），想要根据初始计划成功交付项目的挑战性就越大。

需要问的关键问题

- 是否已有明确的项目范围定义？对项目的结果将会如何是否已有准确的了解？在0%到100%之间，你有百分之几的把握确信项目范围不会发生变化？
- 是否有明确的流程用来管理范围的变化？

使用的工具

　　BOSCARD 框架：该框架由凯捷咨询公司（Cap Gemini）于20世纪80年代创建，目的是帮助人们定义项目的范围，该框架包括以下七个问题：

1. **背景：项目实施的背景如何？** 描述相关事实，以体现出对项目即将实施的自然环境、政治、商业和其他背景信息的理解。

2. **目标：项目的主要目标有哪些？** 陈述项目的目标，并展示出对项目基本商业理由（"为什么"）的理解。

3. **范围：项目将要实施什么解决方案？** 描述项目将要促成的内容，并将这一过程中的各个阶段分割成不同的里程碑，描述将会获得的资源以及相应的外部合作伙伴。

4. **制约：成功交付项目的主要制约因素是什么？** 描述在规划项目时需要应对的主要挑战和阻碍因素。

5. **假设：主要采取了哪些假设？** 陈述用于定义项目基本理由、目标、计划和预算的关键假设。如果这些假设在后期发生了变化，则需要对项目进行重新讨论。

6. **风险：可能导致项目失败的风险有哪些？** 列出可能会出现并且影响项目目标实现的风险。此外，列出可能对时间表和资金（例如税收和其他交易成本）产生影响的任何风险。

7. **交付成果：项目的预期成果是什么？** 描述项目将要产出的重要元素，说出这些元素之间的关系以及它们与项目目标之间的关系。

通过回答每一个问题，你对将要完成和未完成的任务就会有清晰的思路，同时可以与执行发起人和主要利益相关者就项目边界问题进行前期讨论。

如何确保项目成功

在项目开始时，将主要的利益相关者和重要的贡献者聚集到一起，尽可能详细地定义和商定项目的范围。不必担心要花费额外的时间去考虑并且解决不确定因素，在范围界定期间，一星期的延迟会给足你时间，因为如果不确定性因素在实施过程中导致了变化，则可能造成更长的延迟，还可能令整个项目脱轨，相比较而言，一星期的时间更为划算。

时　间

"时间就是金钱"，本杰明·富兰克林的这句名言可以说是项目中的金科玉律。时间是项目的主要特征之一，除非有明确的、令人信服的、官方的和公开宣布的最后期限，否则项目很有可能会迟于原计划交付。这样一来，除了要付出额外的成本，项目的延误还意味着利益和预期收入的损失，而这两者都会对这一行动的商业论证产生巨大的负面影响。因此，没有最后期限的项目不应被视为项目，最好称之为实验、探索或日常业务活动。

奥运会、世界杯和世界博览会都是有固定的最后期限的大型项目，这些最后期限是提前几年就宣布和确定了的。这些项目的实施方式会因实施手段和各国的工作文化的不同而有很大差异，有些是提前完成的（例如2012年伦敦奥运会），有些则是按时完成的（例如2016年里约热内卢奥运会）。然而不可思议的是，尽管面临各种各样的挑战，所采取的项目处理方式也各不相同，奥运会项目却始终能按时交付！

项目中存在的另一个问题是，从事项目工作的人往往还有其他的工作和职责，这些工作和职责分散了他们大部分的注意力，他们几乎不可能100%地专注项目。然而，时间和最后期限对于让人们能够集中精力，以便达成结果至关重要。

能够展现最后期限巨大力量的一个绝佳实例是人类首次登月项目。1961年5月，当美国总统约翰·肯尼迪宣布了他的这一大胆梦想时，他为其设定了一个明确的最后期限——到20世纪60年代末。这个最后期限牢牢地锁定在人们的记忆中，推动着人们共同努力去实现一个不可能实现的梦想，而这个最后期限也是该项目获得成功的因素之一。如果没有那个最后期限，人们是否已经成功登上月球或许还是个未知数。阿波罗11号登月舱1969年登月的费用为254亿美元，迄今为止，它依旧是历史上最昂贵的项目之一，但却是人类最伟大的成就之一。

项目的时间是个怪异的东西。项目开始时的一星期与项目结束时的一星期是

CHAPTER 05 项目画布

同样的一星期，但它们给人的感觉却不同。随着最后期限的逼近，人们会变得紧张起来，而且在这个时候，人们往往很容易犯错误。因此，项目负责人的角色类似管弦乐队指挥，他们负责设定节奏以及过程中间的期限，而这些期限在项目的整个生命周期中会不断变化。

以失败告终的谷歌眼镜项目所存在的一个最重要问题是，谷歌无法围绕项目形成动力，公司没有设定一个正式推出该产品的确切日期。消费者既不知道真实的产品发布日期，也不知道可以到哪里去购买产品。事实上，尽管实验室里的每个人都知道谷歌眼镜在准备出售时更大程度上只是一个产品原型，还有许多严重的棘手问题需要解决，谷歌联合创始人谢尔盖·布林（Sergey Brin）还是表示，谷歌开始向公众出售眼镜时，应该像对待成品一样对待它。谷歌真应该向苹果学习如何利用公布产品发布日期来制造有关新产品的热门话题。

需要问的关键问题

- 项目是否有一个让包括外部利益相关者在内的每个人都知晓的明确的最后期限？
- 最后期限是否切合实际而且有实现的可能？

使用的工具

自上而下，自下而上的规划：制订计划以及确定切合实际的最后期限的最佳、最准确的方法是，首先对最佳项目完成时间（例如，产品发布日期或开幕日）要有一个最初的高层目标。在将项目分解成不同的活动后，执行自下而上的计划，并评估初始的最后期限是否切合实际情况。如果答案是否定的，则应寻找缩短项目工期的方法，例如，通过增加资源，并行工作或在不同阶段完成项目。如果可能，还可以向团队施加更大的压力，将最后期限提前5%至20%。另外，为了保持动力，有必要利用时长为三周至六周的中间期限（或称里程碑）。如若不然，人们很可能会拖延和推迟，直至接近里程碑日期，然后匆忙应付，因而可能会影响项目的最终质量。

如何确保项目成功

每个项目都有一个明确的最后期限是至关重要的。对于最相关和最具战略性的期限，高管团队必须做出保证，而且这一时间必须被正式公之于众。这样，人们就会始终将项目的结束日期记在心里，在决定如何分配时间时，这一记忆会帮助他们做到必要的专心致志。明确的最后期限会创造压力，从而使项目获得成功。

预　算

制订项目预算的主要依据是项目资源贡献时间的长短，这些项目资源主要包括从事项目工作的人员以及开发项目范围所需的投资（顾问、材料、软件、硬件等）。预算、时间和范围是传统项目管理中的三个主要制约因素，毫不夸张地说，没有预算，就没有项目。

如前所述，预算估算的准确性取决于项目范围的定义及其稳定性。

通常情况下，在年度预算和资源分配周期中，组织有两种主要类型的预算——资本类预算和运营类预算。资本支出（通常称为CAPEX）方面的预算会完全分配给大型投资项目，这使得项目的执行更容易些。运营支出（通常称为OPEX）方面预算通常较高，用于支付负责运行组织的资源。组织面临的两个最常见的挑战是，OPEX预算资助下的项目具有很大的不确定性，运营和项目活动之间的资源分配问题也是层出不穷。

因此，给项目投入足够的资源对于确保项目的成功至关重要。

当然，一些项目有幸可以获得无上限的预算，这有助它们吸引更多的资源，加速项目的进展，并最终成功交付项目。由高层领导或高级官员发起和支持的项目往往如此，过去10年，在中东地区建造的一些雄伟的项目情况确实是这样。

例如，828米高的世界最高建筑迪拜哈利法塔是由迪拜酋长发起的，该项目不存在任何预算问题。项目于2004年开始动工，5年后外部建成，整个建筑于2010年向公众开放。

但是，拥有无限的预算并不能完全保证项目的成功。如果缺乏本小节中所述的一些关键元素，那么项目就会有失败的可能。奥巴马政府 healthcare.gov 网站项目的启动就是一个很明显的例证，该网站在2013年10月1日启动的当日崩溃了，造成了严重的声誉损害，然而预算却并不是其制约因素。

需要问的关键问题

- 项目是否具有经过充分估算的、完全专用的预算？
- 项目预算是否可以承担超限费用？

使用的工具

自上而下，自下而上的预算估算： 值得注意的是，对于一个组织来说，实施一个项目所需要最大的成本是团队成员（人力资源）为执行项目活动所花费的时间。制定预算最佳、最准确的方法是，首先对项目总成本要有一个最初的高层（自上而下）目标，辨识可用的潜在预算，并查看过去类似项目的成本。然后，在将项目分解为不同的活动后，再估算每项活动的成本（自下而上）。

与项目规划一样，这项工作的实施者除了包括组织成员以外，还应该包括项目的主要贡献者。例如，有些活动是由外部各方执行的，这些相关方应该提供其对成本的预期估算。项目完成后，有可能还会产生一些活动或额外费用，因此，必须将所有活动的成本加在一起，才可以准确地了解到实施该项目所需的总投资额。大型项目在总估算成本中通常还包括一部分应急金额（5%～10%），用于处理不可预见的开支。将自下而上的估算值与最初的自上而下的估算值进行比较，看看二者之间是否存在较大的差距。如果差距较大，并且存在严重的预算限制，则应考虑缩小范围，甚至需要重新评估项目的执行。

如何确保项目成功

预算是项目范围是否成功定义，项目交付是否能够准时的直接表现。项目范围定义得越详细并且越固定，对预算的估算就越准确。为了降低预算超支的风险，绝对不要在一开始就将全部预算拨付给项目，而是应该把它分解成几部分。建立季度审核周期以检查最新状态和预算的花销情况。如果项目的原始商业论证仍然有效，则可发放另一部分的预算，如果项目存在严重问题，则应忽略沉没成本，并认真考虑将项目取消。

质 量

确保项目的交付结果符合质量预期是项目管理的一个组成部分，但这一点往往容易被忽视，也不被列为优先事项。通常，在项目执行过程中，团队会将重点放在完成工作上，而将质量部分留到项目的最后阶段，而在这一阶段，调整项目所需要付出的代价也是最昂贵的。

确保项目达到或超过预期的质量是项目经理的责任，没有质量的项目应该被立即取消。

有些项目需要经过官方的重要质量检测之后，才能开始商业化生产，许多基础设施、生产、生命科学和工程项目都是这种情况。

除此之外，IT开发项目通常需要进行用户测试和其他模拟测试，以确保最终产品能满足组织的需求。以往，新系统的测试都是在项目结束时进行的，但这一做法通常会导致额外的工作和时间上的延迟。如今，借助敏捷开发方法，几乎每周都可以对项目进行质量检查。

苹果公司最大的优势之一是它能够让产品在外观和感受上体现出易用性。然而 iPhone 的制作却绝非易事，iPhone的发明者表示这一制作过程经常很伤脑筋。史蒂夫·乔布斯希望看到每一件东西的样品，为了一个单一的设计元素的模型，比如iPhone上的一个按键，设计师们经常要反复50多次，直到达到它完美至极的质量标准。

需要问的关键问题

- 是否明确了项目的预期质量和验收标准？
- 项目是否包含定期的质量检查？

使用的工具

质量保证和质量控制：项目取得成功需要质量保证（QA）和质量控制（QC）。虽然质量保证和质量控制是密切相关的两个概念，但二者是截然不同的。质量保证是质量管理的过程，而质量控制则用于验证项目输出结果的质量。

简而言之，要确保项目有一个流程或方法，用来检测项目正在提交的任何内容（可以是产品、系统、桥梁、电话、飞机或其他），并确保项目计划中包括了定期质量检查、原型设计和测试时间。

如何确保项目成功

质量必须被深深植于项目的生命中，让质量专家（内部的和/或外部的）参与进来，并确保他们能够为项目投入时间。质量检查、原型设计、测试、彩排等都必须纳入项目计划并须对其进行报告，最终产品中潜在的偏差和故障发现得越快，其对项目进度、预算和时间表的影响就越小。

风险管理

风险管理是项目管理最重要的组成部分，也是项目经理的基本职责。坦白地说，一个项目之所以失败，是因为项目团队要么没有识别出导致失败的风险，要么没有及时缓解这些风险。

项目的本质就是生产出新的、独一无二的东西，因此，项目具有内在的不确定性。因此，项目管理的核心目的之一就是管理项目的风险。如果某个项目是第一次被执行，则需要对风险管理给予高度的重视。

蒙特卡罗模拟，或称概率模拟，是一种基于假设情景来了解大型项目中风险和不确定性所造成的影响的先进技术，由波兰原子核科学家斯塔尼斯拉夫·乌拉姆（Stanislaw Ulam）于1940年发明，并以摩纳哥（因赌场和投机游戏而闻名于世）的赌场命名。其算法公式给出了每种风险的一系列可能的值，用来帮助决策和规划。

蒙特卡罗模拟方法有许多优势，它可以帮助组织对项目风险进行评估，对失败可能性进行预测，建立切合实际的项目预算和进度规划。目前，它仍在大型基础设施和资本项目中被广泛使用。

如图9所示，识别风险以及减轻风险的速度越快，项目的成本就越低。相反，识别风险以及减轻风险的速度越慢，成本就越高。法国铁路运营商SNCF的例子就说明了这一点，SNCF在2014年订购了2,000辆新列车，然而这些列车对于许多需要途经的火车站来说太大了。列车运营商承认在订购新货之前没有核对列车的尺寸，由于这一错误，不得不对大约1,300个站台进行改造，改造成本达5,000万欧元。

另外，项目给组织带来的额外风险也经常被忽略。一个已经运行过多项目的组织如果再增加额外的项目，将会增加所有项目失败的风险。曾经有几起由于企业启动过多项目而导致破产的案例，富通银行的倒闭就是其中最臭名昭著的一例。

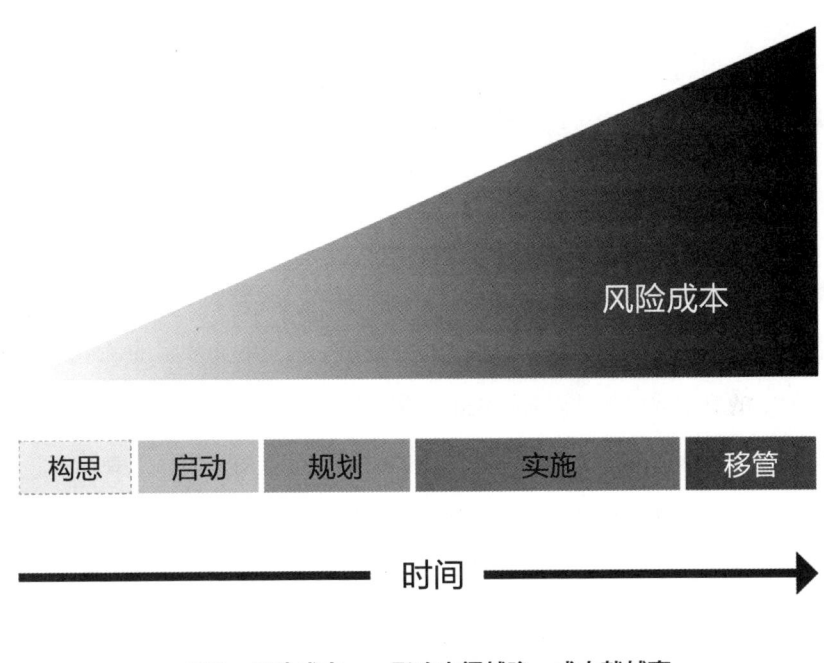

图9　风险成本——影响来得越晚，成本就越高

实　例

提前制订B计划也是风险管理的内容。假如在计划行动开始的当日，某一个风险影响到了项目，或者在产品发布之前发生了无法预料的事情，该怎么办？一个典型的例子是正在进行户外活动的时候，如果突然下雨了，有没有活动的备选方案？

众所周知，在推出第一款iPhone时，这件新玩意儿尚未完全准备就绪，然而，2007年1月Apple大会上的演示在观众看来却是完美的。Apple的项目团队当时意识到了iPhone所面临的风险，并通过细致的风险管理缓解了这些风险。他们设计了一个使用多部iPhone进行演示的计划，每个重要功能（例如拨打电话，上网冲浪）分别由单部iPhone演示。为了确保不出现最后一刻的意外，团队排练了数次。尽管面临挑战，但是得益详细的风险管理，iPhone的发布最终取得了成功。

需要问的关键问题

- 项目会遇到多大的风险,组织能否应对?
- 是否已识别并缓解了可能严重影响项目的重大风险?

使用的工具

风险矩阵: 风险矩阵是评估可能影响项目的风险的最常用工具,与重要项目利益相关者进行头脑风暴会谈,以识别可能会影响甚至终止项目的风险。通过考虑风险发生的概率或可能性以及影响的严重程度,来确定每种风险的重要性。这并不属于一种科学的方法,而是一种简单的机制,可以用来提高主要风险的可见性和可控性,并且在项目管理认为合适的时机采取缓解措施。

图10展示的是一个风险矩阵的示例,你可以将其用作识别和管理项目风险的基础,确定每种风险在表格上的位置。

影响

	不重要	次要	中等	重大	严重
几乎肯定	中级	高级	高级	极高	极高
很有可能	中级	中级	高级	高级	极高
可能	低级	中级	中级	高级	极高
不太可能	低级	中级	中级	中级	高级
几乎不可能	低级	低级	中级	中级	高级

可能性

图10 项目风险评估矩阵

如何确保项目成功

让专家、利益相关者和以前的项目团队成员参与前期讨论，以确定项目的主要风险。除此之外，还应对组织不实施该项目时所面临的风险进行评估。另外，不要忘记衡量一下组织投资该项目后所要承担的额外风险。

有些项目会面临大量的风险，因此，不要让风险管理的过程变得过于烦琐复杂。尽管风险识别在开始时应该范围广些，但重点还是应该放在最有可能发生以及最严重的风险上。

采 购

大多数人认为采购与项目和项目管理风马牛不相及，然而，这也是许多项目失败的主要原因之一。就组织的运营活动而言，员工们拥有高效执行活动的知识和经验，这是非常固定的，而相比之下，项目却往往具有很大的不确定性，因此，为了保证项目能够如期成功交付，就更需要雇用外部力量。

咨询公司专门负责为执行项目的组织提供建议和资源。由于许多项目是临时的任务，在开展项目期间，借用外部力量比雇用内部资源更便宜。一些重要的项目，比如兼并和收购，就需要有顾问和第三方参与，在收购项目中，外部资源通常会占到总资源的30%~40%。

在公共部门中，采购的重要性是众所周知的。政府开展的项目基本完全需要依赖外部资源、承包商、顾问、专家等，这些几乎接近项目专用资源的100%。政府项目经常采取公私伙伴关系的形式，这就要求公共部门项目的执行必须采取协作的方法。因此，公共组织需要采用非常先进的采购方法。从筛选过程到项目的执行，公共采购在其中发挥着重要的作用。公众部门所面临的采购方面的挑战包括必须采用的繁重程序（影响敏捷性）和花费较低的费用（往往导致雇用经验不足的顾问）。

实　例

事实上，公共部门经常被大型项目弄得焦头烂额，许多政府部门根本没有可以管理复杂建筑项目的专家。汉堡易北爱乐厅的复杂程度显然超出了政府所能应对的范围，该建筑计划于2010年完工，估算成本为7,700万欧元。最后，建筑工程于2016年10月31日正式结束，耗资7.89亿欧元。

经过瘦身的政府部门几乎无法有效地控制建筑项目，权力和决策最终落入了项目供应商手中，而这些人能够以牺牲公共资金为代价，从中获得比最初计划更多的利益。

需要问的关键问题

- 项目有多少个分包商？
- 项目组织结构图以及角色和职责中是否包括了主要供应商？
- 是否有为供应商制定的激励和惩罚措施？

使用的工具

采购管理流程：从外部供应商那里采购商品和服务对于许多项目来说是非常重要的，这些外部供应商的表现会反映在整个项目的表现上。因此，建立起一个采购管理流程，用以帮助政府部门从外部供应商那里采购项目所需的服务和产品是至关重要的。该流程将有助于：

- 确定最佳供应商；
- 协商出最佳条款；
- 审查供应商绩效；
- 识别和解决与供应商绩效相关的问题；
- 将项目状态传达给项目指导委员会。

如何确保项目成功

外部资源协调不力在一定程度上会导致项目的失败，对于严重依赖供应商、顾问和承包商的公共部门来说，更是如此。一些IT项目的失败，比如前面提到的 healthcare.gov 的例子，通常是由于外部资源管理不善造成的。项目所需的外部资源越多，对外部资源的依赖程度越高，项目经理就越需要重视采购工作。采购未必一定是他们擅长的领域，但也要做到对需求认真地进行初步评估，对供应商进行有效的选择，持续监控整个项目生命周期。

分包商的数量应该取决于交付项目所需的能力。在某些情况下，一个项目会有几百个分包商，但关键问题是要确保他们能够感觉自己是团队的一部分，并且受项目团队的监督。

必须要明确定义不同的角色和责任，并确保将项目领导权保持在组织内部，这一点非常重要。此外，建议寻找一些用来激励外部各方的方法，以便他们能够保持在预算范围内按照项目规范交付项目的积极性和参与度。

人力资源

如今，项目经理也需要扮演项目领导者的角色，而对于一些较为复杂和需要跨职能部门的项目来说更是如此。这些项目需要调动整个组织内部的资源，改变已有的现状。事实上，我们可以这样说，最好的项目经理既是领导者，也是企业家，他们就是项目的首席执行官。

世界顶级的执行教练马歇尔·戈德史密斯曾经对我说：

高管们倾向将项目经理视为技术专家——一些非常有战术并且专注项目挑战的人。然而，现代领导层正在朝促动（facilitation）方向发展。我指导过最好的CEO都是伟大的促动师（facilitator），因此，未来的项目经理必须成为更善于促动的项目领导者，而不是技术专家。

在过去的几十年中，我们已经目睹了侧重点从项目管理的最初领域，也可称之为硬技能（范围、计划、调度和估算），向软技能（领导、利益相关者管理和沟通）方向转移。一名优秀的项目经理应该具备引导组织方向的能力，激励团队，说服关键利益相关者相信项目能够带来的利益，遵照项目的范围、时间、预算交付项目。除此之外，成功的项目经理还必须具备一些其他技能，包括：

- 理解项目的战略和业务；
- 影响和说服各级利益相关者；
- 领导矩阵组织；
- 将一组个体组建成为一个高绩效的团队；
- 提供反馈信息，激励项目团队；
- 监督项目工作的进展情况。

不幸的是，真正优秀的项目经理凤毛麟角。而且，一般情况下，公司战略项目的数量很多，而这些项目通常是由那些不完全具备必要资格的经理领导的。

因此，选择具备一定技能和经验的项目经理是项目成功的关键。然而，许多组织并没有对这一步骤给予过多的思考，而即便有选拔项目经理这个步骤，这一过程也并不透明。另一个经常出现的问题是，项目往往被视为一件赠品，是送给极具潜力的管理者的一个发展的机会。在两年的时间里，他们领导着某项大型的战略性项目，并借此与高层管理者接触。同时，他们也培养了一些不为业务职能所要求的辅助性技能。可问题是，他们不认为项目是一项长期的职业，因而他们对项目管理并不感兴趣，更别提深入了解项目了。因此，他们之所以感到困难重重，是因为他们没有掌握使项目取得成功的工具和技术。

另外，还有一个需要考虑的是项目的人员配备。项目需要人来执行，确保组织拥有人力资源，保证这些人力资源具备实施项目所需的技能、专业知识和经验，是高级管理层的基本职责。然而，令人感到惊讶的是，在批准某项计划之前，许多组织在未进行能力核查的情况下就启动了项目。

当然，如果内部没有合适的人力资源，组织可以通过培训的方式对其进行培养，也可以从外部寻找合适的人力资源。如果组织内部有合适的人力资源，组织也要对其工作进行合理的规划，因为这些最优秀、最有经验的员工（例如开发人员）通常会被安排去做其他任务和项目，如果不对他们在项目中的贡献进行恰当的计划，项目将会因此受到影响，而缺乏所需的资源则会造成项目的延误，还会导致项目的失败。

除了资源的可用性，项目取得成功的一个关键因素是团队责任感。之前讲过，除了对项目的贡献之外，项目资源往往还有其他责任。但是，一些员工经常以一种很难让他们拒绝的方式被要求加入某个项目，因此，对项目的责任感从来都不是绝对的。这些员工都会收到邮件，内容是"恳请"他们同意做某事，但实际上，他们并没有选择的余地，只能答应。事实上，在不要报酬、不牺牲私人时间的前提下，如果他们觉得这个项目是一次非常棒的体验，他们是愿意贡献的。通常情况下，项目经理会被要求完成一篇内容复杂且耗时的报告，以向高级管理层通报项目的进展情况。**其实根本不必这样做，评估项目健康状况的一个简便快速的方法是向项目经理询问两个问题：**

1. 你在这个项目中投入多少时间？
2. 你会在多大程度上对项目尽责？

理想情况下，这两个问题的答案应该是100%，这样会增加项目成功的机会。但是，项目经理通常并不会完全专注于一个单一的项目，根据项目的不同，50%的投入是可以接受的，但是低于这个比例，就可能会出现监督不力和管理不善的现象，从而增加项目失败的风险。

实 例

iPhone软件部门负责人斯科特·福斯托（Scott Forstall）曾经对他的潜在团队成员说："我们即将启动一个新的项目，至于它是什么，你将为谁工作，我还不能说，因为要绝对保密。但我可以告诉你，如果你选择接受，你会比以往任何时候都更加努力工作。在制作这件产品的过程中，你将不得不放弃有可能是几年时间的晚上和周末。"

这一项目团队是近代历史上最才华横溢的、由个体组成的群体之一。最优秀的工程师、最优秀的程序员和最优秀的设计师都被选入团队，而且这些人不是兼职的，不是一周只抽出一天或半天时间工作，被选中的人员会完全从其所有职责中解脱出来，并且被立即指派到项目中开始全职的工作，"紫色项目"成了他们的生命。

福斯托后来解释说，史蒂夫·乔布斯告诉他，他可以抽调公司里的任何人到他的团队中。团队的高质量并没有止步技术人员，乔布斯决定还要加进来一个最优秀的领导团队，首先从 iPod 和 MacBook 的设计师乔尼·伊夫（Jonny Ive）开始，由他负责手机的外观。

需要问的关键问题

- 是否任命了一位专业的项目经理领导项目？
- 组织是否具备成功运行项目所需的能力和技能？

使用的工具

询问项目领导者以下两个问题，用来帮助判断项目是否能得到妥善管理：

- **你为这个项目投入多少时间？**

战略性项目要求项目领导者做出100%的贡献，而任何低于100%的奉献比例都会导致项目领导者精力分散和项目压力缩减。项目经理通常会被要求同时领导多个项目，根据我的经验，一个项目经理很难同时领导三个以上的重要项目，而且也很难一边在组织日常活动的全职岗位上任职，一边管理一个重要的项目。

- **你会在多大程度上对项目尽职尽责？**

如果项目经理和人力资源明知项目将面临挑战，却不去尽职尽责，那么项目极有可能会彻底失败。负责打造波音777的项目经理艾伦·穆拉利（Alan Mulally）为我们提供了一个极佳的、正向思维的范例，这是一个在最糟糕的外部条件下完成的伟大壮举。当时正值2001年9月11日，恐怖袭击之后，波音公司正挣扎在生存的边缘。然而，这位项目经理坚定的责任感和专职的投入推动了一个10,000名团队成员的项目，最终创造出世界上最先进的飞机。

项目领导人如果对项目没有坚定的信念，很可能迅速地影响团队其他成员。当信心和士气严重低落时，发起人应该进行干预，寻找恢复信心的方法，要么采取修正措施，要么更换项目经理。

如何确保项目成功

在项目开始时，高级管理层应该评估和确认项目所需的资源能力和资源的可用性，并且应该确保用于制定解决方案的资源和技能能够到位。另外，还有必要通过提供更多资源或雇用外部能力和专业知识来提前预防潜在的瓶颈。

建立一个用来委派项目经理的标准流程，这些项目经理应该具备项目管理所需的的技术性知识和领导能力。

组织应将项目管理视为专业项目经理的任务，制定项目管理能力框架和正式的职业发展途径，以帮助项目经理在这个岗位上获得事业的发展。

利益相关者

利益相关者是受项目结果影响、参与项目活动或在项目结果中拥有利益的个人和团体。项目越大，利益相关者就可能会越多。利益相关者越多，沟通和变革管理活动方面的工作也就会越繁重。

大多数人需要稳定，这样才能感觉安心。然而，许多项目却是要让现状发生改变。因此，在项目中，要自始至终认识到项目阻力存在的可能性，尤其是那些将会给组织带来重大变革的项目。反对项目的人数越多，项目成功的难度就越大。

在项目界里,有一个著名的格言:"如果你的项目失败了,总会有人感到高兴,找出这些人并弄清楚为什么。"另一方面,识别出最有影响力的利益相关者并说服他们相信项目对组织的价值,这样将有助推进项目的进展,并为困境中的项目求得高层管理者的支持。

实　例

在柏林勃兰登堡威利布兰特国际机场(详见第一章)的例子中,利益相关者是勃兰登堡州、德国联邦政府、市长、航空公司、乘客、工人、柏林市民和另外两个柏林的机场。相比之下,我们可以猜测,柏林泰格尔机场和舍内费尔德机场的一些主要利益相关者并不在意勃兰登堡项目已经发生的,并且还将继续发生的严重拖延。

利益相关者越多,项目就会越复杂,需要花在沟通和改变管理上的工作就越多。此外,挑战现状的项目往往会面临相当大的阻力。

在这种情况下,对重要利益相关者的前期识别就显得尤为重要,因为这可以帮助项目团队了解利益相关者在项目中的需求和利益。在任何项目中,如果阻力过大,则很可能是项目的基本理由还不够明确。

要想让人信服,项目就必须能够满足受项目影响的团体和人员的需求。在某些情况下,如果得不到主要参与者足够的认可,则最好推迟或不启动项目。柏林勃兰登堡机场的例子有力地证明,在重要利益相关者的全面参与被确定之前,不应该启动项目。

需要问的关键问题

- 项目有多少利益相关者?
- 能否识别出可能会导致项目失败的重大阻力?

使用的工具

利益相关者分析矩阵： 该矩阵是用来权衡和平衡项目相关人员利益的最常用工具，这些人员因项目将要带来的变化而受到影响。为了实现项目的目标，应尽可能满足这些人员的需求。风险评估需要在较大的群体基础上开展，与之相反，对利益相关者的分析应该在较小的群体内进行，因为讨论的内容可能会非常敏感。

对利益相关者的初始评估通常是在准备阶段，由项目领导人会同项目发起人共同进行的。在确定主要利益相关者之后，将每个利益相关者按照三个维度进行归类。第一个维度是利益相关者在项目或项目结果中的利益水平（积极的或消极的）。第二个维度是利益相关者影响项目的程度（积极的或消极的），通常，这一维度与组织中个人或团队的权力相关联。第三个维度是使用颜色代码RAG（红色、琥珀色和绿色）来表示利益相关者目前针对项目的立场。

这一分析可以定期进行，以跟踪利益相关者长时间的态度变化情况。图11给出了一个利益相关者矩阵的示例，您可以以它为基础，来识别和应对项目中受影响和受牵连的利益相关者。

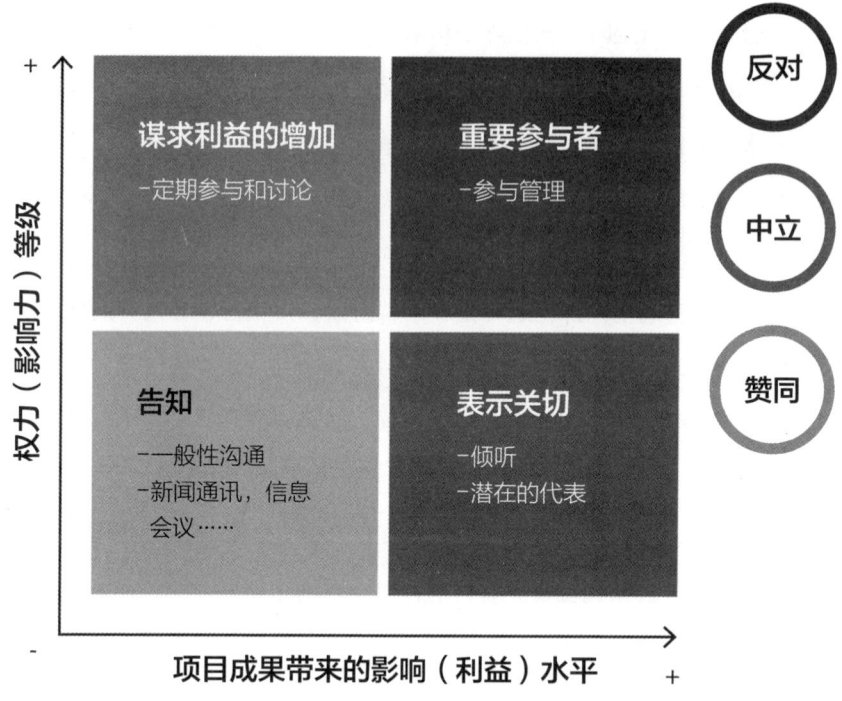

图11 项目利益相关者分析矩阵

如何确保项目成功

项目管理从硬技能向软技能的转移以及项目复杂性的增加，使得对利益相关者的管理成了最需要关注的领域之一。了解关键利益相关者的需求，识别双赢的各方以及协调利益相关者，使其能够积极支持项目是项目成功的关键，但同时也可能是一项极其艰巨的任务。由于高层发起人在利益相关者管理中扮演着重要的角色，因此，项目经理应该让高层发起人参与到项目中来。

变革管理

变革管理的目的是确保组织及其员工愿意接受由项目导致的一系列变化。沟通是变革管理最重要的一方面。对利益相关者的分析显示，项目经理需要定义将要发送信息的类型、接收信息的人、传达信息的格式以及发布和分发的时间。根据《项目管理协会项目管理知识体系指南》，在项目实施阶段，项目经理有75%～90%的时间都用在了正式或非正式的沟通上。

根据项目管理协会的《职业脉搏报告》（一项关于项目管理趋势的年度全球调查），善于有效沟通的人更有可能在预算内按时交付项目。

让每个人都能在正确的时间里获得正确的信息，对于顺利推进项目是非常重要的。那么，具体要怎么做呢？第一步是找出每个利益相关方需要获得何种信息，才能接受项目导致的变化，通常的做法是让他们了解项目的现实和状态，而不是描绘项目未来的美好图景。事实上，利益相关者只需要知道真相，根据你所描述的真相，他们会有自己的判断，因此，与利益相关者沟通时，你可以说好消息，也可以说坏消息。

如今，技术的变革极大地影响了人们获得圈内信息的方式。变革管理的方法可以有多种形式，例如书面信息、新闻通讯、面对面会议、陈述演示、职工大会、培训课程、项目网站，等等。

变革管理面临的主要挑战是，你知道不应该让利益相关者陷入过多的信息里，但是你不得不给予他们足够的信息，以便他们能够了解情况并做出正确的决定。

实 例

我记忆中最棒的关于变革管理的例子发生在欧元引进期间。1999年1月1日，欧盟推出了新货币——欧元。最初，欧元是用于欧盟内部之间交换的首要货币，而与此同时，每个国家都继续使用着各自的货币。然而，在三年内，欧元被确定为日常货币，并取代了欧元区成员国的本国货币。在欧元引入之前的几年以及过渡期间，几乎所有的欧洲公民都听说过该项目，并且为这一变革做好了充分准备。不管是什么背景、国籍和年龄的公民，他们都知道欧元将会带给他们的好处，他们甚至知道现有货币与欧元之间的汇率。

该项目有两个关键的成功因素。首先，让欧洲人民为变革做好准备以及做好相关的宣传沟通是欧洲领导人的首要任务。其次，项目完成的方式极其简单，因此每个公民，不分教育背景和文化，都能理解欧元转换项目的目的、好处、影响和时间安排。

需要问的关键问题

- 项目是否有一个沟通和变革管理计划，并且其中重点强调了利益相关者的预期收益？
- 是否已经计划了进行充分沟通和变革管理的活动，用以支持出现新情况的组织或国家？

使用的工具

欧盟委员会制订了详细的变革管理计划，并将这份计划翻译成欧盟内部的其他语言，该计划包括信息包、视觉效果、商业广告、工具包，等等。以下是一些示例，您可以将其用作转型项目的基础：

- 准备欧元的引进：《简单手册》
- 宣传工具包

此外，欧盟还创建了一个包含所有相关信息的综合网站。每当新成员国加入欧元时，都可以使用其中大部分的宣传材料。

如何确保项目成功

所有项目都必须有一个合理的变更管理计划和沟通计划，但每个项目用来发放和宣传这些信息的活动类型或方法却各不相同，项目计划中应该说明信息的类型、利益相关者的变更需求、发放这些信息或者处理变更需求的时间以及实施干预措施的方式。

此外，还有必要对变更和沟通活动进行优先排序，并且确保信息传递量的适度性。一方面，沟通过多会让人感到无所适从，造成重要信息的错失；而另一方面，沟通太少可能会导致团队成员无法清楚地了解整个情况，从而不能完成需要完成的任务。知道如何在正确的时间将适量的信息传达给正确的人员的项目经理能够让一切保持平稳运行，并最终取得项目的成功。

区域4：环境

"环境"区域包括了有可能对项目产生正面或负面影响的外部元素，这些元素通常不受项目领导者的控制，但项目领导者可以通过各种方式影响项目，使其朝着有利的方向发展。此外，高层发起人在对组织施加影响方面也发挥着重要作用。

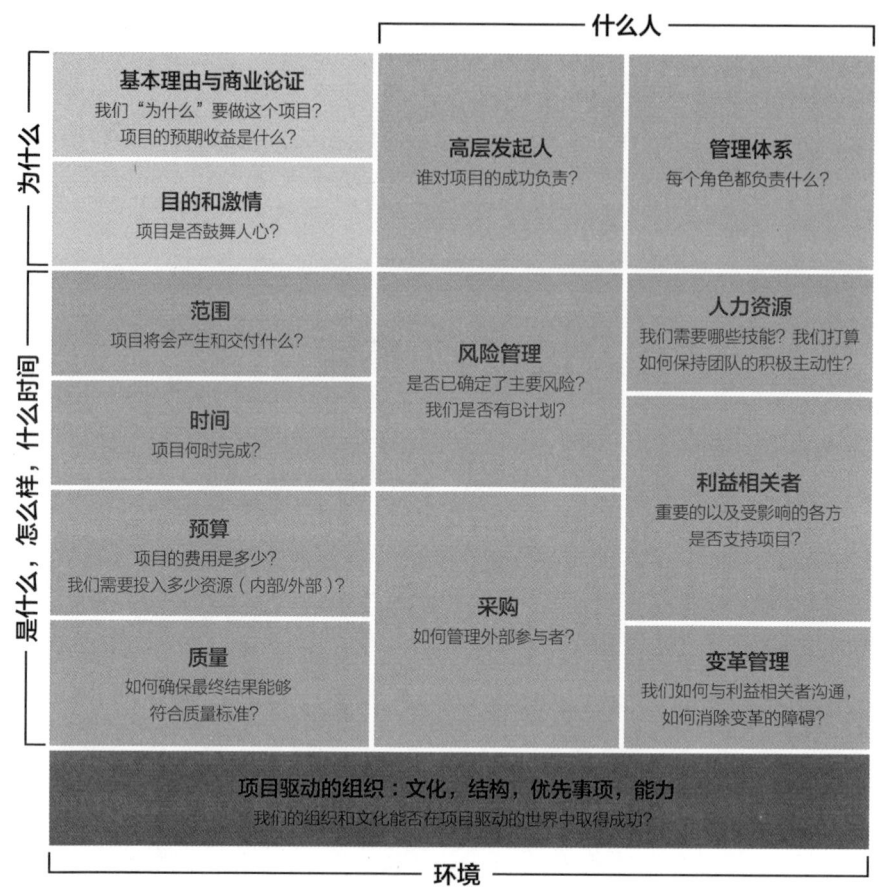

图12 项目画布——区域4：环境

项目驱动型组织

西方大多数公司都有一个组织结构，这个组织结构层级明显、功能性极强，非常适合经营日常的业务活动。在这种结构中，业务单位、各部门和职能机构的负责人"拥有"预算、资源、关键绩效指标和决策权。

然而，战略性项目本质上是跨职能、跨层级的，它们贯穿整个组织。这就意味着一项战略性项目，需要来自许多不同部门和职能机构的资源和投入。设施专家负责寻找位置，律师负责处理法律文件，人力资源专家招聘人员，销售人员制订商业计划，等等。如果没有所有这些部门的贡献，项目将不会成功。

CHAPTER 05 项目画布

项目驱动型组织的关键要素

在传统的层级组织结构中,想要快速执行项目是不可能的。但如今,组织已经成功地对内部结构进行了调整,用来推动项目的执行。这些组织成了项目驱动型组织,资源、预算和决策权已部分转移给项目活动,而且项目活动通常由公司的项目管理办公室驱动实施。

项目管理办公室最初存在的意义是,为项目领导者和负责项目行政管理任务的项目团队提供支持,具体负责的工作内容是跟踪项目时间表、维护日志和追踪信息,以此提供项目进度报告。后来,项目管理办公室的工作就变成负责制定和实施项目管理政策和标准,这样一来,其对"行政任务"的高度专注造成了人们对项目管理办公室存在的价值的负面看法,结果就是这些办公室被解散。

然而,新型项目管理办公室更加注重价值的创造。如今,它们与高管团队联系在一起,其角色已经发生了变化。目前,新型项目管理办公室的工作内容包括:推动最佳实践活动,培养员工能力,支持最高级别管理层优先考虑项目,以及执行最具战略性的项目。通常情况下,最先进的项目管理办公室拥有一系列的项目经理,这些人通常是公司中最优秀的员工,负责领导执行最复杂的、横向的(公司范围)计划。办公室通常是向首席执行官报告,因此,有时也被称为首席执行官办公室。如今,大多数大型组织都有一个这样的办公室。

有一家领先的瑞士生物技术公司,可以作为展示项目管理办公室影响力的例子。该公司首席执行官的目标是,到2022年让收入增加10亿欧元。他建立了一个改革项目管理办公室,并选择团队中最有才干的人作为领导,这位项目领导人负责直接向首席执行官汇报。在项目管理办公室领导的支持下,高管团队甄选了13项战略性计划,他们任命最有才华的人员,并让这些人员接受专业的高管培训。最终,这13项计划中有9项投入了实施,并且开始产生收益,目前,公司正走在实现首席执行官原定目标的路上。

优先排序

对国家和组织而言，最重要的项目总是会享有更好的成功交付的机会。比如有些与2018年《通用数据保护条例》（GDPR）引入相关的项目，它们都有固定的项目实施期限，并且实施人员被强制要求严格按照规定执行，因此，这些项目成了大多数组织的高级别优先事项。而该《条例》旨在让欧盟公民拥有对个人数据的控制权，公司上下都清楚自己需要遵守规定以避免惩罚，因此，管理人员也都很愿意为与该《条例》相关的项目投入资源。

优先排序不仅能够提高战略性项目的成功率，加强高级管理团队针对战略目标的调整和聚焦，在面临决策时为运营团队排除所有疑虑，最重要的是，它能够建立起一种管理思维和文化。

尽管准备一份项目优先排序清单是一件非常重要的事，但事实上，大多数政府和组织都觉得这件事困难重重，许多组织甚至都拿不出一份正在进行的项目清单。进行优先排序不单单意味着要对许多潜在的想法说"不"，甚至还可能取消之前已经开始的项目。不过，大多数成功的公司还是知道最重要的项目是什么，并且在这些项目的执行中表现得非常自律。

优先排序中最具挑战性的是，所有潜在的项目和想法通常都有意义，只是资源和预算有限，项目越多，成功交付的难度就越大。因此，项目本身有时不能作为优先排序的依据，在对项目进行优先排序时，也要适当地考虑与项目密切相关的客观因素。

事实上，大多数公司只有在遇到危机并且处于崩溃边缘的时候，才会考虑项目优先排序问题，著名的例子有苹果、乐高、福特汽车公司、波音、飞利浦和联合利华。只有当高管团队对这些公司施加压力时，他们才能废弃数百个项目和产品，并专注那些必要的项目，而这些项目和产品通常能让公司获得成功。

为了解释优先排序的战略相关性，并为这一过程中的高级管理人员提供帮助，我开发了一个名为"目的层级"的模型，对此，我将在第八章中详细说明。

能　力

我们都知道持久而卓越的项目执行需要项目经理人有强大的项目管理能力，负责领导项目的人力资源必须要经过培训和认证，因为他们的角色应该被视为一种职业。此外，还应该为他们提供职业发展路径和培训发展计划。

而如今，作为一名成功的项目经理人，不仅需要有强大的项目管理能力。虽然像规划、范围界定和风险管理这样的技术性**技能**是应该必备的，但这些还不够。由于组织内部复杂性的增加，项目经理还需要培养以下所有的能力：

- 扎实的**领导能力**，包括沟通能力、说服能力、管理思维和谈判技巧。
- 充分了解组织所**运营的业务和所处的环境**，公司战略、竞争、产品和服务、运营和技术——所有这些都是项目经理应该注意的重要因素。总地来说，项目经理正在成为项目和业务的领导者。

之前提到的瑞士生物技术公司就雇用了一所领先的高管教育学校，为其最有才华的、即将上岗的项目领导者量身打造培养计划。

该计划的主体内容是项目管理，但同时也包括了领导力、财务、团队发展和沟通方面的课程。此外，还纳入了几节关于生物技术自身业务（例如，酝酿中的新产品）和技术未来方面的课程。由于该计划要持续一年时间，参与者们必须要坚定地投入其中。这对公司来说是一笔巨大的投资，但却是一个很好的职业发展机会，它清楚地表明了首席执行官对人才进行投资并通过卓越的项目实现其伟大抱负的坚定决心。

需要问的关键问题

- 组织是否有一个为项目选择优先级和执行提供战略性支持的项目管理办公室？
- 该项目是公司的优先事项吗？
- 组织是否提供职业发展路径以及培训计划，用来培育项目领导者，培养项目执行能力？

如何确保项目成功

组织的结构应该适合支持项目的执行。随着组织从层级模型转向项目模型，权力和资源也必须转移。应该在公司层面建立项目管理办公室，并由首席执行官对其授权，组织结构的转变也意味着为项目经理创建一个职业发展的途径和培养计划。

如何将项目画布应用于项目和组织

根本性的变革，比如企业价值观和文化的改变，总是需要投入大量的时间、金钱和精力，而且，这些变化所产生的效益是很难量化的。通常，这些效益都是所谓软性的，或者说是无形的，比如，积极性的提高或创业思维方式的建立。而其硬性效益，诸如节省成本或增加收入等，往往是不具体的。此外，其收益的实现一般是中长期的，通常要经过三到五年的努力。

由于首席执行官和高层管理人员会受到来自股东和股票市场的巨大压力，后者希望看到他们的投资能够有迅速、定期的正回报，因此高管们往往不愿意着手展开上述类型的措施。相反，他们更愿意投资公司收购或缩小项目规模，这样可以更快地获得回报并对盈亏状况产生切实的影响。

将项目画布引进到组织中应该不会像变革性项目那么复杂，但它确实需要对项目的提出、选择、优先级、定义、计划和执行的方式进行一些根本性的改变。

我喜欢使用的一种可以用来启动向项目驱动型组织转变的简单而敏捷的方法，是通过遵循以下七个实施步骤来提高项目的一致性：

1. 制定一套与项目相关的标准术语和定义。

2. 基于项目画布开发一个通用的项目指南。

3. 开发针对高层发起人的培训。

4. 开发针对项目负责人的培训。

5. 选择最合格的、积极性最高的人员担任项目代表。

6. 指派他们从事最相关和战略性的项目。

7. 力争成为一个项目驱动型组织。

此外,随时利用下列黄金法则来评估你个人和你组织的项目能力:

- 在想法尚未足够成熟之前,不要急于全面启动项目。
- 高级管理人员应该将至少20%的时间用于支持他们发起的项目。
- 项目应该有一个远大的SMART目标,并且有明确的固定期限。
- 应将最佳资源分配给最佳项目。他们应该从全职工作中解脱出来,并且能够将100%的时间用于项目。
- 必须将最终产品或解决方案的质量——测试,迭代——时刻牢记在心。

CHAPTER 06

伟大的项目

透过项目画布的镜头,
了解那些改变世界的伟大项目。

CHAPTER 06 伟大的项目

分享对项目的看法，提供一些人人都能使用的基本的技能和框架，帮助他们在项目驱动的新世界中取得成功，这是我的目的。关于项目的精彩例子举不胜举，给国家带来变革的项目，令组织发生变化的项目以及对人类产生难以置信影响的项目，这些都是十分成功的项目。不幸的是，这些项目经常不为人知。

那么，这些伟大的项目不被人知晓的原因是什么呢？其中一个原因是，人们都喜欢吹嘘那些涉及大量资金但最终失败了的项目，认为这种"大失败"是对人类的恩赐，能够让人们吸取经验，继续前行。我们也经常看到，大多数关于项目的文献谈论的都是失败的项目，分析的都是项目造成了多大的灾难，项目成本严重超支，项目工期被延误。而本书的目的是要改变这一现象，将人们关注的重点转移到项目的积极面。

在寻找世界级的项目实例时，我发现了一些改变整个国家、地区和组织的令人震惊的项目，在这些项目中，政府是项目的重要推动者。而对于企业和公司来说，情况也是如此，卓越的领导者就是项目的有力推手。伟大的领导者发起并推动了雄心勃勃的项目，而被推动的项目不仅有着鼓舞人心的愿景和深刻的目的，还经过了精确的设计和实施，采用了让项目取得成功的概念。无论是经济层面，还是社会层面，这些项目都产生了巨大的、持久的效益。

有趣的是，我还发现那些没有长期愿景、明确目标和项目的国家和地区，最终往往都陷入了混乱。当我撰写本书时，发生在西班牙、意大利、英国和美国不可预测的政治局势，就是这类缺乏愿景的、臭名昭著的例子。同样的道理也适用企业和公司，那些忘记或不敢投资项目的公司最终往往会消失。

历史上的那些最引人注目的项目是由全球城市化（人口从农村地区向城市的转移）引发的。工业革命以及由于医疗保健系统的改善而导致死亡率的降低，加速了城市化的进程，而城市化导致了经济活动和生活方式的变化。中国沿海地区的工业化及其与全球贸易体系的对接，引发了历史上最大规模的农村人口向城市的迁移，使城市人口从1980年的1.91亿增加到2009年的6.22亿。

城市化带来了大规模的生产、分销和消费。在过去的50年里，伦敦、巴黎、纽约、墨西哥城、圣保罗、上海和东京等大都市都实施了数百万的建筑、基础设施、交通、教育和社会项目。由于全球一半以上的人口居住在城市，项目的重点已经转移到城市交通、智慧城市、环境和可持续发展等领域。

让我们看看一些非凡的项目，并通过项目画布的新镜头对其进行分析。

冰岛：破产和起死回生

2008年的金融危机对许多西方国家都造成了影响，但没有一个国家像冰岛那样严重。冰岛是一个拥有30万人口和独特自然资源的孤立岛屿，就经济规模而言，冰岛的危机是世界上最大的危机，该国有三大银行，分别是格里特利尔银行（Glitnir）、冰岛国民银行（Landsbanki）和考普森银行（Kaupthing），这三家银行的资产是冰岛年度GDP的10倍。

面对经济危机，冰岛采取了与欧洲其他国家相反的方式。当人们还在普遍相信银行"因体量太大而不会倒闭"的时候，冰岛的三大银行实际上已经"因体量太大而无法拯救"。银行最终倒闭了，并被拆分为国内和国外两部分，政府为国内存款提供担保，同时放弃了国外的部分。国家允许其货币贬值，从2007年底到2008年，克朗被允许贬值近60%，最终恢复了竞争力并将贸易平衡转为盈余。2009年，冰岛实施了引入资本管制措施，为货币设置最低额并控制通货膨胀。

冰岛是唯一一个有与危机有关的银行高管入狱的国家，其人数多达26个。这是一个强有力的象征性信息——告别过去，展望新的未来。

如今，冰岛已经完全从经济崩溃中恢复过来，其经济发展是发达国家中表现最好的国家之一，经济增长率为7%。冰岛已经从渔业、旅游业和铝业转向可再生能源和信息技术，而更重要的是，由于政府采取了保护低收入阶层的政策，基于基尼系数衡量的国家收入不平等水平已恢复到金融泡沫之前的程度。

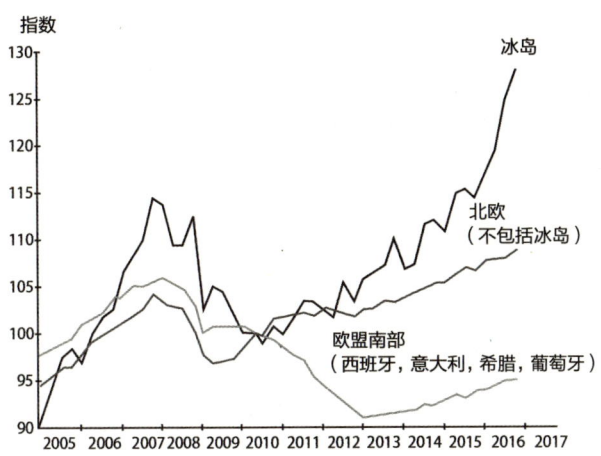

图13　冰岛的实际GDP增长与北欧国家和欧盟南部地区之间的比较
资料来源：经济合作与发展组织

冰岛恢复经济这一庞大项目最让人感兴趣的地方在于，公民促其成功的意愿很强烈，各种社会运动将此次危机当作是建立一个更加美好、更少腐败、更多元化和更平等国家的契机。2009年，社会民主党和绿党联盟制订了此项复兴计划。随后，独立党和进步党联盟开始实施该计划。政府基本上遵循了国际货币基金组织计划中规定的方针，其中包括实施资本管制和其他财务措施，以换取50亿美元的贷款用来应对其外部融资需求。计划成功的一个主要原因是冰岛对该计划的所有权问题，政治家和担任领导职务的公务员为实现计划中规定的目标付出了巨大的努力。

冰岛：重建项目（2008—2018年）

项目画布

为什么：基本理由、商业论证、目的和激情

- 冰岛破产后的生存与恢复；
- 创造一个更美好、更平等、更多样化、没有腐败的国家。

什么人：问责制和管理体系

- 社会民主党和绿党积极发起复苏计划；
- 项目背后的真正力量是由冰岛公民领导的一个社会运动；
- 政治家和公务员为实现该计划中设定的目标而努力工作。

是什么，怎么样，什么时间：项目的硬性方面和软性方面

- 应对经济崩溃，冰岛采用了与欧洲其他国家相反的方式。国际货币基金组织制订了一项21亿美元的支持计划，该计划有三个明确的目标；
- 100%的公民（关键利益相关者）表示支持；
- 10年之后，冰岛成了发达国家中表现最佳的经济体之一（增长率7%）。

环境：组织、文化、背景和竞争力

- 生存状况，变革的紧迫性；
- 第一优先项目，获得了各方的关注和所需资源。

卢旺达：最令人难以置信的重建计划

1994年，卢旺达遭受了一次近代历史记忆中最残暴的种族灭绝屠杀。3个月内，有多达100万人丧生，25万多名妇女被强奸，该国人民的精神因此受到严重创伤，基础设施遭到破坏，司法和政治制度也被完全摧毁。

20世纪90年代末，总统保罗·卡加梅和政府开始采取不同的方式治理国家。他们开始积极地进行规划，制订了一个包含44个目标的"2020年愿景"计划。

从那时起，卢旺达踏上了雄心勃勃的发展与和解的征程，其最终目标是让所有卢旺达人再次和平相处。现行《宪法》规定，所有卢旺达人都享有平等的权利。除此之外，用以打击歧视和制造分裂的种族意识形态的法律已获得通过。

1999年成立的民族团结与和解委员会担起了和解工作的主要责任，该机构的主要目的是对卢旺达人进行教育，提高他们的认识。因此，该机构采取了一系列活动：进行了一些调查研究，内容是有关分裂和冲突的来源以及缓解这些冲突的方法，围绕国家历史和人权举办了全国首脑会议，向领导人、妇女和青少年提供了关于冲突管理和创伤咨询的培训，制定了用以解释分裂的起源和卢旺达历史的和平教育方案（Ingando），成立了用以培养领导者并弘扬卢旺达价值观的领导学院（Itorero），从2007年到2009年间，共有115,228名参与者参加了Itorero计划。

到目前为止，这一转型计划的成果非同凡响。

民族团结与和解委员会曾两次发布"和解晴雨表"，该"晴雨表"通过审视数十个因素，来判断人们共处的和谐程度。上一次的数据发布是在2015年，在这一年里，该国认为卢旺达的和解率为92.5%。

"2020年愿景"计划最引人注目的一个方面是，消除该国现存的高度腐败是其目标之一，而高度腐败是卢旺达重获繁荣的主要障碍之一，也是导致种族灭绝的主要因素之一。为了赢得反腐败斗争，该计划的领导人从新加坡了解到，清洁对国家和公民整体文化的影响是十分严重的。这背后的逻辑是，如果一个城市是清洁的，其政府也会是廉洁的。"2020年愿景"计划实施之后，卢旺达的首都基加利成了世界上最干净的城市之一，而卢旺达最终也成了非洲最不腐败的国家之一。

图14　基加利，非洲最干净的首都之一

另外，卢旺达的"2020年愿景"计划在其他方面也取得了很大的进步。例如，卢旺达人的识字率从1995年的48%增长到2016年的71%。而在2016年，女性占议会席位的56%——这是世界上最大的比例之一。

卢旺达：重建和重建计划（1994—2014年）

项目画布

为什么：基本理由、商业论证、目的和激情

- 在一次近代史上最严重的种族灭绝屠杀之后重建国家；
- 减少腐败的猖獗程度；
- 提高卢旺达公民的生活质量。

什么人：问责制和管理体系

- 保罗·卡加梅总统积极发起重建与和解；
- 成立了民族团结与和解委员会，以跟进所有项目。

是什么，怎么样，什么时间：项目的硬性方面和软性方面

- "2020年愿景"计划为卢旺达的发展制定了框架；
- 该国在其政治领导人的教育方面投入了大量资金；
- 非常注重与人群的沟通和互动（研讨会、培训等）；
- 尽管种族灭绝后市民很不情愿，但他们变得非常支持。

环境：组织、文化、背景和竞争力

- 国家遭受破坏，迫切需要改革；
- 第一优先项目，获得了各方的关注和所需资源。

THE PROJECT REVOLUTION

巴西库里提巴市：成为地球上最环保的城市

库里提巴市已成为可持续城市规划的黄金标准，被称为"绿色之都""世界上最环保的城市"和"世界上最具创新性的城市"。

很长一段时间里，库里提巴市是一个过境城市，工人们在前往农业区的途中会在此歇脚，欧洲国家的移民也曾几次大量涌入，到此寻找工作和更好的生活。从1940年到1960年，该市的人口急剧增加，从14万增加到36万。随着人口的增加，汽车的数量也在增加。于是，库里提巴市变得一片混乱，市中心和城市周围都出现了严重的交通拥堵现象。

这一切都始于一个人——杰米·雷勒（Jaime Lerner）和一个简单的想法——"人优先于车"。

杰米·雷勒研究过建筑和城市规划，但他对政治很感兴趣。20世纪70年代初，他成为库里提巴市市长。在最初的几个月里，有人给他提出了一个以巴西首都巴西利亚为样板城市化项目，目标是扩大市区的主要道路，通过牺牲所有建筑和绿地的方式来适应日益增长的交通量。

然而事实上，雷勒却做了与该建议相反的事——铺设街道然后禁止车辆在此通行，并于1972年创建了巴西的第一条步行街。该项目遭到了当地人的强烈抵制，但雷勒市长力排众议，并命令必须在72小时内执行该计划。

雷勒对该项目管理方法的总结是，立即行动，之后再做调整。

其实，雷勒和他的团队对这座城市还有更大的计划。他希望通过实施低预算的想法和项目，来改变流动性和城市交通。他有一句最著名的话，这句话极少能出现在公务员口中："如果你想要创造力，可以从预算中削减一个零。如果你想要可持续性，可以减少两个零。"

1974年，该市完成了一种全新街道设计的引进，这项设计可以让公共汽车在快车道上行驶，乘客可以从沿城市主干街道的中间部位设置的新公交车站上车，这样公交车就可以不间断地在城市里穿行。但在20世纪80年代后期，雷勒注意到，各车站的公交乘客的进出人流减慢了公交车的速度。

于是，三项创新举措随即跟进，设置了新的升高平台系统（库里提巴市因此而广为人知的未来派地铁站系统），在此乘客可以直接从地铁车站上公交车，省去了爬楼梯的麻烦；新增了加长的公交车，可以为车队增加更多容量；增加了公交车预付款系统，借助这个系统，公交车司机就可以不必在开车途中发车票和收钱了。

图15 快速公交转乘系统

雷勒所采取的措施产生了重要的影响，如今，快速公交系统覆盖了库里提巴市的85%，每天运送大约200万名乘客。

在进行城市改造项目的同时，雷勒和他的团队也注重绿色环保项目，开发了许多公园和城市花园。1971年的时候,库里提巴市只有一座公园,如今,该市有16个公园、14个森林和1,000多个绿色公共空间。现在,它的绿地面积是世界卫生组织建议面积的5倍,世界卫生组织建议每个居民的人均绿地面积应该至少有9平方米,库里提巴市的人均绿地面积已经超过50平方米,而与之邻近的布宜诺斯艾利斯市却只有2平方米。

根据雷勒市长的说法,"所谓政治就是提出一个集体的梦想",并且"创造一个每个人都能理解和看到的令人向往的场景。然后,大家就会帮助你实现这一目标"。

图16 库里提巴市的巴里吉公园

库里提巴市：可持续转型计划（1972—2007年）

项目画布

为什么：基本理由、商业论证、目的和激情

- 将一个快速发展的城市转变为一个世界上最环保、最具可持续性的城市；
- 改善城市和交通规划，以增加使用率并减少通勤时间；
- 创建公园和绿地，将城市变成一个休闲的乐园。

什么人：问责制和管理体系

- 市长杰米·雷勒主动担当转型的发起人；
- 库里提巴市城市规划研究所负责跟进项目。

是什么，怎么样，什么时间：项目的硬性方面和软性方面

- 市长杰米·雷勒有明确的愿景和强烈的意志，想要创建一个独特的城市；
- 雷勒的计划理念是"立即行动，之后调整"，以克服变革的阻力；
- 将重点放在宣传愿景和利益方面，以吸引库里提巴市的民众。

环境：组织、文化、背景和竞争力

- 第一批项目的迅速成功在整个城市中形成了一种积极的文化；
- 库里提巴市的转型被列为重中之重，因此获得了足够的资源；
- 利用外部专业知识[例如，聘请日本建筑师中村拓志（Hitoshi Nakamura）]来创造绿色空间。

瑞典：车辆换侧，瑞典历史上最大的物流项目

1967年9月3日（星期日），瑞典发生了历史上最大的一项物流事件，俗称"H日"（源自瑞典语"Högertrafikom-läggningen"，意思是右侧交通改道）。那一天，数百万瑞典人从左侧驾驶变为右侧驾驶，这是对长达230年驾驶系统的一次逆转，也可能是历史上最大的一次驾驶基础设施改造。

许多驾车前往斯堪的纳维亚国家的瑞典人，由于不熟悉那里的交通系统而遭遇车祸，乘车前往瑞典的游客也是如此。

瑞典的汽车公司，尤其是沃尔沃汽车公司，制造的是右侧驾驶的汽车，这样就可以更容易地出口到右侧驾驶界的其他地方。然而，这类汽车有很多都是在瑞典出售和驾驶的。与左侧行驶规则相矛盾的是，大约90%的瑞典人驾驶的车辆都是右侧行驶的。当时瑞典道路上有150万辆车，并且预计到1975年这个数字将达到280万。

交通换侧的想法一直被讨论了几十年。1955年，在全国范围内就该提案进行公民投票，结果83%的选民反对这一变革。1963年，经过多年的强烈游说，议会批准了总理塔格·埃兰德（Tage Erlander）提出在1967年引入右侧驾驶的建议。

为了让国家做好准备并确定项目的细节，一个专门的办公室——国家右侧交通委员会，成立了。与此同时，还建立了瑞典国家交通安全委员会。该项目有一个非常具体的准备阶段，创建一个为期四年的教育计划，以确保所有民众都能够为改变做好准备，并且了解应该如何在换侧的当天进行操作。在政府采取的支持这次变革的举措中，有一个宣传活动是在各种纪念物品上展示"H日"的标识，此外还举办了一个以这次变革为主题的电视歌曲大赛。

图17　宣传活动使用的推广"H日"的标识

在换侧的前几天,每个交叉路口都配备了一套额外的路杆和交通信号,并用黑色塑料包裹,而新的道路标记被用白色油漆画在道路上,然后用黑色胶带覆盖。

1967年9月3日"H日"的当天,国家已经为这次换侧做好了准备。从凌晨1点到早上6点,所有非必要的车辆都被禁止在道路上行驶。在此期间,施工团队完成了最后的基础设施变更。凌晨4点50分,新的道路标志被揭开,汽车被改道至另一侧。

相对平稳的转换减少了事故的数量。在变更的当天,仅报出几次轻微的事故。一段时间后,一些改善已经显现,被报出的125起交通事故中,没有一起是致命的,相比之下,换侧之前为130至198起。据交通专家介绍,由于人们已经有道路右侧行驶车辆的经验,所以人们可以更好地看清楚前方道路,发生的事故数量自然就减少了,车与车之间、车与行人之间致命事故的数量也因此而急剧下降,而且汽车保险索赔的数量也下降了40%。

瑞典成功转向右侧驾驶离不开政府给予的大力扶持,政府为此开展了大规模的宣传和公众教育活动,意在让民众能够至少提前一年做好准备。

瑞典：交通换侧（1967年）
项目画布

为什么：基本理由、商业论证、目的和激情
- 减少交通事故并推进左座驾驶；
- 与邻国和世界其他地区大多数国家保持一致。

什么人：问责制和管理体系
- 总理塔格·埃兰德是该项目的最高发起人；
- 瑞典国家交通安全委员会和国家右侧交通委员会负责该计划的跟进行动。

是什么，怎么样，什么时间：项目的硬性方面和软性方面
- 有一个固定的截止日期——1967年9月3日；
- 有详细而准确的准备；
- 政府组织了大规模的沟通和公共教育活动。

环境：组织、文化、背景和竞争力
- 每个瑞典公民都了解这一变化及其影响；
- 第一优先项目，获得了各方的关注和所需资源。

欧元转换：牵动3亿人的变革

对于大多数欧洲人来说，欧元是日常生活中的一部分。欧元的转换是历史上一次最大的政治、社会和经济变革事件，动员3亿多欧洲公民并且改变其日常生活中的一个重要组成部分，绝非一项普通的举动。但如今，来自19个成员国的3.4亿欧洲人已经将欧元作为其共同的货币，欧元也已经成为全球第二大流通货币。

对于欧元转换项目导致的结果是好还是坏，不同的人持有不同的观点。我认为，从大规模变革项目的角度来看，欧元转换项目的成功非同凡响。不过，这一项目在当时从属一个更大的项目——欧洲经济和货币联盟。但由于缺乏共同愿景，再加上政治领导的不力，欧洲经济和货币联盟目前处境十分尴尬。

无论欧洲经济和货币联盟的处境怎样，欧元转换项目取得了成功。而完成如此巨大的变革不仅需要经过一个详尽的构思阶段，还需要有充分的准备和完善的计划。事实上，在欧元货币推出的20多年前，欧元转换项目就已经开始了。1978年欧洲货币体系宣告成立，并创建了"欧洲货币单位"。总共制造了约140亿张纸币和520亿枚硬币，其中大约有78亿张纸币和400亿枚硬币在2002年1月初发放给了21.8万家银行和邮局、280万个销售网点以及12个参与国的3.02亿人。与此同时，流通中的90亿张各国国家纸币和1,070亿枚国家硬币绝大部分已经停止使用。

如果透过项目画布分析该项目，我们就会发现项目中的每个元素都经过了完美的全面考量和计划，并且得到了顺利的执行。

欧元是根据1992年《马斯特里赫特条约》中的规定制定的。它从一开始就明确阐述了愿景、理由和利益，就是让欧洲人更紧密地团结在一起，协助成员国之间的整合和促进繁荣，这一愿景于情于理都让公民们感受到了触动。

欧元转换项目采取了针对性的措施：

针对该项目，建立了明确的管理结构，其中代表欧盟成员国执行政府的欧盟理事会是关键的决策和监督机构，其角色相当事实上的指导委员会。1998年6月1日成立的欧洲中央银行是该项目的执行机构，后来成为欧元区货币政策的管理者。

"趋同标准"明确界定了项目的范围和要求，想要加入欧元区的成员国必须满足五个严格的标准，其中包括预算赤字低于其GDP的3%，价格要保持相对稳定。

"时间表"被确定下来并且被定为不可更改的铁律。1999年1月1日午夜，欧元货币以非实物形式进入流通，从这一刻开始，参与国的国内货币不再以独立的形式存在，其相互之间的汇率被锁定，不再变动。

为了管控前所未有的巨大风险，并且让公司、组织和个人能够进行必要的调整，他们还设置了一个长达三年的过渡期。旧货币的纸币和硬币仍可继续被用作法定货币，直到2002年1月1日，新的欧元硬币和纸币开始发放为止。在这一刻，历史上最大的现金转换发生了，与之相关的有12个欧盟国家（奥地利，比利时，芬兰，法国，德国，希腊，爱尔兰，意大利，卢森堡，荷兰，葡萄牙和西班牙）。这一转换期（将旧货币的纸币和硬币兑换为欧元纸币和硬币的阶段）持续了大约两个月，直到2002年2月28日才结束。

这一庞大项目成功的关键要素之一是，所有利益相关方都积极参与，对变革管理和沟通活动进行大力投资。尽管构成这些利益相关方的有3亿多公民和数千个受影响的组织（机构、公司、银行等），但他们的大部分需求都通过广泛的宣传活动、资料袋、帮助台、培训课程和其他方式得到了积极的解决。

此项巨大转型项目成功的原因在于缜密的筹备工作、所有相关部门的积极参与以及公众的热情。

欧元兑换项目（1999—2002年）

项目画布

为什么：基本理由、商业论证、目的和激情

- 欧洲国家之间的进一步整合；
- 让欧洲及其公民更加繁荣。

什么人：问责制和管理体系

- 欧盟理事会（由成员国领导人组成）担任事实上的指导委员会；
- 欧洲中央银行担任执行机构。

是什么，怎么样，什么时间：项目的硬性方面和软性方面

- 有一个固定的截止日期——2002年1月1日；
- 范围明确——五个趋同标准；
- 展开了大规模的沟通和公众教育活动。

环境：组织、文化、背景和竞争力

- 所有欧洲公民都了解变革的动态并为其做好了准备；
- 受影响成员国的第一优先项目，获得了各方的关注和所需资源。

波音777：一个工程奇迹

20世纪80年代末，当波音公司宣布开发777（也称为"三七"）时，许多航空专家对是否有必要开发新的机型产生了质疑，因为波音公司的747飞机已经成功飞行了30多年。一些专家建议，应该改进747的现有功能，提高操作员的效率和乘客的便利性，而不是开发一种全新的飞机，他们认为，改进的造价要比开发低得多，毕竟，设计和开发新飞机不仅是一项巨大的投资，更是一次极为复杂的尝试。

然而，和汽车制造商一样，飞机制造商如果想要在竞争激烈的世界中生存，就必须通过推出新的机型来保持创新优势。为了降低设计和开发新777型号的成本，波音公司在艾伦·穆拉利的领导下，采用了一种独创的协作式设计和开发方法，让客户、航空承运人、技术人员、财务专家、计算机专家甚至其他飞机制造商共同参与进来。

最终，项目获得了60多亿美元的预算，有10,000人参与了该项目，其生产设施占地面积相当于70多个足球场。

777的设计计划采用最新的三维数字成像技术，飞机将由重量较轻的双发动机提供动力，这种双发动机在当时是最强大的，而且其设计燃油效率比之前的发动机高出20%。机架的某些部分是用新材料建造的，这样一来就提高了燃料的有效使用率。

通过该项目，波音公司旨在实现三个战略目标：

- 显著缩短飞机开发时间；
- 让客户参与到开发进程中来，以更好地满足客户的要求；
- 排除代价昂贵的修改程序。

CHAPTER 06 伟大的项目

777项目中的一项关键创新是财务风险分担，波音公司将在其自己的工厂中制造驾驶台、驾驶舱的前部、机翼、尾翼和发动机短舱（套管），而将其余部件（约70%）转包给世界各地的供应商。参与该项目的供应商包括意大利的阿莱尼亚（Alenia）、澳大利亚航空航天技术公司（ASTA）、英国航空航天系统公司（BAE Systems）、英国的庞巴迪肖特公司（Bombardier Shorts）、巴西航空工业公司、日本的多家航空公司、美国的卡曼航空（Kaman）、大韩航空（Korean Air）、美国的诺斯罗普·格鲁曼（Northrop Grumman）和新加坡航空航天公司（Singapore Aerospace）。

穆拉利决心在该项目中引入新的工作动力，新的双喷气式飞机的设计阶段不同于波音以前的商用喷气式飞机。八大航空公司——全日空航空公司、美国航空公司、英国航空公司、国泰航空公司、达美航空公司、日本航空公司、澳洲航空公司和联合航空公司，首次在开发过程中发挥了作用。这是对行业惯例的一次突破，因为传统的制造商在设计飞机的过程中通常极少有客户的投入。

穆拉利将所有贡献者纳入进来，改变了团队配置的方式。这些团队接纳更广泛的参与者，包括工程师、采购人员、生产人员、客户和供应商，他们共同致力777的设计、开发和制造过程。

除此之外，项目领导层推行了文化层面上的变革，其中的一个重要方面是员工与管理层之间应该有什么样的互动方式。他们鼓励团队成员向管理层表达想法，如果得不到回答，则可以将问题反映到更高一级的管理层，直至找到解决问题的方法。

1995年6月7日，777首次在联合航空公司投入商业运营。777接到的订单超过了所有其他宽体客机，截至2018年6月，已有超过60位客户订购了1,986架各种变体的飞机，其中1,559架已经交付。显然，它已超越了波音747，成为波音公司的最畅销机型。

引用一名飞行员的话：

根据一项1999年和2000年进行的世界范围的调查，75%以上驾驶过波音777和空中客车330/340飞机的人更喜欢波音777。作为驾驶过这两种飞机的飞行员，他们还是更喜欢波音777的舒适和宽敞。

与波音及福特汽车前首席执行官、波音777计划总监
艾伦·穆拉利进行了关于项目革命的私人对话

你在波音公司采用了什么样的项目领导方法？

我在波音公司工作了37年，在福特公司工作了8年。作为总结，我写了一篇简短的文章，题为《技术娴熟、积极主动的团队之间的合作：原则和实践》。最关键的是要将所有人都考虑在内，这完全是关于人的事。因为这些来自世界各地才华横溢的人都在为此工作，每个人都应该被考虑在内。为了这样一个伟大的愿景，所有人聚集在一起，制订一个战略和一个可以持续实施的计划，而这也是商业计划审核的依据。此外，还要有明确的绩效目标，实现这些目标要有一个计划，而这个计划要基于事实和数据。最重要的是，每个人都知道这个计划，了解当前的状态，都知道需要特别关注的领域，这就是商业计划审核发挥作用的地方。

您从项目一开始就让包括客户和供应商在内的利益相关者参与进来，具体的想法是什么呢？您能否多讲讲关于这方面的创新方法？

多年来，我认为波音取得成功的原因之一就是，在每一架飞机的计划中，尤其是777飞机，我们始终会让航空公司参与到飞机的实际设计中来。这是因为他们非常了解如何操作飞机，如何使用飞机，如何保养飞机，如何驾驶飞机，如何维护飞机。而且特别有意思的是，开始的时候，一些航空公司会说，他们可不想和竞争对手同处一室，因为他们觉得，在竞争对手面前把知道的东西说出来，会

让自己处于竞争的劣势。但是，在一次早期的会议中，有差不多12家航空公司聚在同一个房间里，有一家航空公司的领导说："咱们这么办吧，我们应该帮助波音公司打造世界上最好的飞机，等我们有了世界上最好的飞机后，那时我们可以以航空公司的身份再相互竞争。"所以，让航空公司参与到项目中来的做法是正确的。

777项目遇到最大的困难是什么？

我真的不认为777项目遇到了困难，只能说在实施计划的过程中遇到了问题。因为一切都是明摆在那儿的，所以是问题，不是困难。如果一个人遇到了问题，那它是宝贵的东西，这样你就知道了问题的所在，同时你也认识到这是一项发明，而且将会是一个迭代的过程，这就是工程、设计和制造的意义所在，而你是在让项目管理的过程合理化。所以说，并不是所有的计划都会顺利地进行，在某个领域总会出现问题，你要做的是让大家关注到这个领域，从而共同解决这些问题。

因此，我们几乎总是迫不及待地等待每周的商业计划审查，从而了解哪些绩效指标发生了变化，我们需要在哪些方面做出努力，因为我们知道这是程序的一部分，我们已经将计划和项目管理合理化，而且我们能够适应前进道路上自然会遇到的所有变化。

关于项目和项目管理，人们已经写了很多了，而且安东尼奥，你也撰写了几本这方面的书，所以我想我之所以愿意支持你，是因为你将自己的一生献给了项目集和项目管理。我真的认为这是这个行业的未来，因为通过生产人们想要的、认为有价值的产品和服务，它会是一件真正能推动我们不断前进的事情。

波音777：一个工程奇迹（1989—1995年）

项目画布

为什么：基本理由、商业论证、目的和激情

- 从一开始目标就很明确；
- 打造比旧有机型燃料效率高20%的飞机；
- 缩短飞机开发时间；
- 提高市场份额；
- 最终设计和打造历史上最先进的飞机。

什么人：问责制和管理体系

- 艾伦·穆拉利担任波音777的项目集总监，100%专注于该项目；
- 明确的管理结构及角色与职责的划分（包括客户和供应商）；
- 10,000名人员从事该项目。

是什么，怎么样，什么时间：项目的硬性方面和软性方面

- 估计的预算超过60亿美元；
- 范围——八大航空公司首次参与开发；
- 与主要贡献者（客户和供应商）分担财务风险；
- 领导层发起文化变革，以增强对项目的关切。

环境：组织、文化、背景和竞争力

- 波音公司的首要任务——第一项目；
- 完全专用的资源、预算和最高管理层的关注；
- 优先考虑的第一项目，获得了各方的关注和所需资源。

CHAPTER 06 伟大的项目

iPhone紫色项目：史上最佳商业项目

在众多的项目中，有一个项目格外出众，那就是2004年的紫色项目（Project Purple），iPhone从此诞生。自2007年首次亮相以来，iPhone已成为一种文化和经济现象，取代了此前的市场领头羊——黑莓和诺基亚，成为最流行的智能手机，并且颠覆了整个全球电信市场，而这一切是来自一家几乎没有多少移动行业经验的公司！

让我们从以下几方面研究一下紫色项目，从而能更深入地了解其顺利实施的原因。

不断尝试直至做好项目正式启动前的准备

和苹果公司的许多成功故事一样，iPhone的源头可以追溯到史蒂夫·乔布斯。2002年在首款iPod发布后不久，苹果公司便开始把目光投向了手机。2005年，苹果的一个小规模团队与移动网络运营商AT&T（当时称为Cingular）达成了有限合伙关系，共同进行产品的研发，但始终没有取得实质的进展。值得注意的是，对于iPhone的一些早期概念，史蒂夫·乔布斯并没有启动正式的、完整规模的开发项目，其在构思阶段表现得非常的低调，只是投入了有限的资金，进行了小规模团队实验。

大多数组织都有一个坏毛病，它们会因为每一个冒出来的想法而启动完整规模的项目，结果制造出大量的项目，而大多数情况下，这些项目最终都对公司的宝贵资源造成了无可挽回的浪费。

项目发起人：参与、专注、推动、激励。
除此之外，你还能再要求什么？

多年来，苹果公司高管团队中的许多人都曾试图说服乔布斯，让他相信生产手机是个很好的主意。但乔布斯对此持怀疑态度，并且多次拒绝了为此正式立项的想法。同前一点中提到的一样，乔布斯的态度显示出了一个高管发起人的正确行为——做一个好创意的强大启发者和坚定不移的管理者，而同时又不怕拒绝那些糟糕的或者半生不熟的点子。

当然，毋庸置疑的是，一旦乔布斯的疑虑被消除，他就会全面参与项目，并且拿出平均约40%的时间用于监督和支持不同的项目团队。

项目发起人的责任是，确保将资源分配给横向性计划，在问题出现时能够做出决策，使高层管理者目标统一，推动组织坚定地支持战略性项目。

时间：一条紧绷的固定终点线，
一场与挑战极限的启动日期赛跑的疯狂竞赛

2004年底，iPhone项目正式启动，更准确地说，那是在2004年11月7日深夜，在收到副总裁迈克尔·贝尔发来的电子邮件，说明要通电话的原因之后，史蒂夫·乔布斯说了句："好的，我想我们应该这么做。"

2007年6月29日，在一年一度的苹果大会贸易展上，第一款iPhone亮相了。也就是说，这样一部革命性的手机——第一款智能手机，只用了两年半的时间就由一家之前从没有过手机生产经验的公司生产出来了。

随着苹果大会的临近，项目的最后几个月时间，变成了一场为iPhone的发布做准备的疯狂竞赛。周年纪念日不庆祝了，假期取消了，项目参与者的家庭生活被扰乱。紫色项目很好地展示了设定固定期限的作用，它能在团队中形成压力，确保每个人都能100%专注项目，并促使他们加倍努力。

资源：最有才华的团队和精英中的精英全职的投入

如前所述，紫色项目团队是当今时代最有才华的一群人，最优秀的工程师、最优秀的程序员和最优秀的设计师都被选入该团队。不仅如此，入选的人员完全脱离了现有的岗位职责，并且即刻全职投入到项目中。

除了技术人员之外，乔布斯还决定将最优秀的高级管理人员纳入到项目中。首先从iPod 和 MacBook 的设计师乔尼·伊夫开始，由他负责手机的外观。

而这些人的生活从此再也无法和从前一样了，至少在接下来的两年半里是如此。他们要加班加点开发新一代最有影响力的消费者技术，除此之外，他们几乎不做别的事情。不仅没有了个人生活，而且他们还不能谈论自己正在做的事。

毫不夸张地说，紫色项目就是他们的生活。

质量控

乔布斯最大的癖好就是，确保最终产品能够超出客户的期望。而让一家从未生产过手机的公司制造这一产品，包括完成设计和质量标准，这本身就加剧了项目的艰巨性。

引进触摸屏、去掉键盘等这些新技术需要大量的原型设计和多次的迭代才能最后成功。尽管有时间压力和 iPhone 推出的固定期限，但在任何情况下，项目都没有以牺牲测试或者质量为代价。

在整个项目的几个节点上，当事情进展不顺利并且没有达到 iPhone 的质量要求时，乔布斯给团队发出了最后通牒，如果两周内没有进展，则要替换项目组成员。

积极管理项目风险

整个项目面临的最大的风险是，苹果没有生产手机的经验，其学习曲线可能要比最初计划的长好几年。为了应对开发方面的风险，项目团队对各种可选方案进行研究，最后提出了两个主要的可能性方案：

1. 将广为人知的 iPod 转换为手机（一条较简单的路径）。

2. 将已成熟的 Mac 转换为可以拨打电话的小型触摸屏平板电脑。

上述这两个手机项目被拆分为两条轨道，代号分别为P1和P2，两者都是绝密的。P1是iPod手机，P2是多点触控技术和Mac软件二者的实验性混合体。团队决定同时处理这两个原型，而不是选择其中的一个并且承担错误选择的风险，这是缓解紫色项目主要风险之一的一个主动方法。

根据一项估计数据，苹果在iPhone的开发上投入了1.5亿美元（不包括构思阶段的成本），1.5亿美元无疑让紫色项目成为有史以来的最佳投资之一。苹果在2007年销售了140万部 iPhone，2016年的全球销量超过2.01亿部。2007年至2016年，苹果在全球销售了超过10亿部。

2017年第一季度，iPhone销售额占苹果总收入的69%以上，估算利润率超过50%，收入超过540亿美元。苹果的收入从2004年的80亿美元增长到2016年的2,150亿美元。

iPhone：紫色项目（2004—2007年）

项目画布

为什么：基本理由、商业论证、目的和激情

- 打造一款简单易用、能让人们爱上的手机；
- 以苹果的未来作为赌注，进军一个新的高增长市场。

什么人：问责制和管理结构

- 项目发起人（CEO）拿出约40%的时间用于推动项目；
- 最有才华的人员被招募到团队中，这些人将100%的时间用在该项目上。

是什么，怎么样，什么时间：项目的硬性方面和软性方面

- 有一个固定的截止日期——2007年6月29日，该项目采用了两个原型（分别以iPod和Mac为各自的出发点）；
- 对最终产品的质量心怀执念。

环境：组织、文化、背景和竞争力

- 第一优先项目，获得了所有各方的关注和所需资源；
- 苹果建立了一个基于项目的组织来设计和开发iPhone。

学生的现实生活项目

越来越多的学生正在通过现实生活项目进行学习,有几个组织正在发起和推广这种实践学习方法,并且产生了实际的社会影响。其中,"Better Their World"(由全球未来教育学院的创始人马克·平恩斯卡领导)和"Design for Change"群体(发起于印度)都是这种全新方式的伟大推动者。我在这些令人赞叹不已的项目中,挑选了两个例子来谈。

IPAD PACT

2014年,法国吕埃尔·马尔迈松的五岁学生们,开始在一些老年校外辅导员的帮助下学习阅读和写作。学生们发现,老年人害怕使用iPad的程度比孩子们害怕读书和写作还要严重。孩子们是伴随着技术长大的,他们习惯了在日常生活中使用技术,但老年人的情况却并非如此。导师和孩子们就观察到的问题进行了头脑风暴,并制定了一个教老年人如何使用iPad的项目,以回馈他们对自己的帮助,像老年人教他们一样教老年人。

除了教授知识外,为了帮助老年人减少孤独感,孩子们决定通过写明信片和为老年人制作海报和礼物,与他们互动和交往。他们甚至决定组织一次聚会,让老年人和他们的家人团聚在一起。通过这些行动,孩子们对老年人产生了真正的同理心。孩子们天真的心态和想法给老年人的日常生活带来了积极的影响,另一方面,孩子们自己也树立了自信心,学会了如何将想法付诸实践。在我撰写本文时,他们所有的人都保持联系,这样的方式对双方都非常有利,老年人可以练习使用iPad,孩子们可以练习阅读和写作。

这个例子有力地证明,一个资源非常少但目的很明确的项目,为世界带来了实实在在的影响，它确保了为参与者提供优质的教育，同时也倡导了终身学习。

波多黎各阿雷西博天文台

得克萨斯州威斯拉科市的一个移民高中班级从一名老师那里听说，阿雷西博射电望远镜——世界上最大的碟形卫星天线之一（约70,000平方米），由于藻类和岩屑的积累正在失去精准度。很久以来，波多黎各阿雷西博天文台一直是大型天文研究项目的基地，并参与了对外星球情报的研究。

天文台的专家们花了35年的时间，试图想出清理这个大盘子的方法，但始终未能成功。在老师的指导下，一群高中学生接受了挑战，开始着手该项目。在一年的时间里，学生们设计了一个复杂的机器人系统，用来清洁和维护这个庞大的天线。经过快速的原型制作后，2016年1月，在瑞欧格兰山谷（Rio Grande Valley）投入生产。

该项目让学生们学会了，如何通过一个具有明确目标和期限的、跨职能和国际化的项目，展开工作和解决问题，这也是他们学习如何将在课堂上学习的电子学和编程概念应用于实践的一个绝佳机会。

世界各地的非凡项目

帮助年轻人选择正确的职业道路

2008年全球经济危机之后，欧洲遭遇了严重的年轻人失业危机。在某些欧洲国家，年轻人的失业率高达55%。在这种严峻的形势下，卡米尔·莫罗兹（Kamil Mroz）先生和国际青年商会的一群志愿者提出了一个以事件为基础的项目，用以帮助比利时的弱势年轻人。该项目设置了有高层发言人参与的专家小组和职业教练主持的集训班，在这里人力资源工作人员为年轻人提供面对面的简历评估，专业的人员为正努力攀登职业阶梯的年轻人提供信息反馈。

这一项目成功之后，项目模式又作为一项计划被输送到其他国家（包括保加利亚、拉脱维亚、波兰和英国），并获得了许多国家和国际上的赞誉，该项目被国际项目管理协会评选为最佳实践。这一项目所战胜的重要挑战包括，保持志愿者的持续参与，建立广泛的公共和私人利益相关者联盟，调整项目管理方法以适应由志愿者参与的行动。

为有特殊教育需求的儿童提供的包容性数字教育：从小处"重新设计教育"

2016年，社会企业家、设计策略师和三个孩子的母亲——罗津娜·斯皮诺依（Rozina Spinnoy）女士，决定启动一个项目来设计一项教育计划，项目的目的是将有特殊教育需求的儿童纳入到数字时代中来。项目的目标是通过一些探索创新性和包容性方法的集训班，开发和培养儿童的技能，并结合有创意的数字化游戏，鼓励他们掌握批判性思维的技能。

2017年，第一个试点集训班在布鲁塞尔开办，将来自特殊教育学校和主流学校的孩子们混合在一起。他们被请去在新装修的学校实施这项计划，这是一种莫大的奖赏。这项出色的项目让我们看到，通过设计思维，积极的公民能够发起一些项目，从小处解决某些社会问题，进而推动系统性的变革。它让我们看到，接纳更多人进来，创造更可持续的、更有凝聚力的社会，是完全有可能的。

圣地亚哥电子投票的引进

21世纪初，美国有几个州和县在探索电子投票的可能性，目的是替代传统的纸质选票或机械投票系统。在雷·弗罗豪飞（Ray W. Frohnhoefer）先生的支持下，圣地亚哥县决定启动一个引入电子投票的项目。该项目的主要目的是，提高一个县城上报投票结果的效率。该项目面临最大的挑战是确定受项目影响的众多利益相关者，尽管面临众多问题，项目还是成功了，取得了在法定时限内上报投票结果的效益。今天，电子投票在美国的许多市县已经成为一种普遍的做法。

CHAPTER 06 伟大的项目

培养墨西哥阿瓜斯卡连特斯市的企业家

2016年12月,墨西哥阿瓜斯卡连特斯市经济发展部长启动了一项由埃内达·高恩高拉·桑切斯(Eneida Gón-gora Sánchez)女士领导的项目,目的在于提高社会对年轻企业家的支持程度,让更多成功的中小企业建立起来。借助麻省理工学院企业论坛的公私合作伙伴关系,项目团队制订了一项年度战略性计划,以改善创业生态系统,并且囊括了麻省理工学院的企业家最佳实践。通过最佳实践的应用,该项目使得100名参与者学习到了世界上最成功的企业家培训模型。该项目取得了巨大成功,在媒体上产生了巨大反响,而阿瓜斯卡连特斯市因此而被定位为企业家中心。

圣地亚哥中心学校的社会项目

为极少的弱势年轻人提供获得体面生活的方法是一项重大挑战,这些年轻人可能不懂什么是纪律,也没有生活规则。2016年,卡洛斯·乌利尔·拉米雷斯·穆里罗(Carlos Uriel Ramirez Murillo)先生推出了一个改变这一现象的个人项目。

具体内容是通过项目管理展示年轻人能够如何以不同的方式预设自己的生活,消除他们贫困的心态,让他们相信自己是命运的主人,这些年轻人学会了如何使用结构化方法启动和结束项目。其中有一个叫凯文的男孩,父母吸毒成瘾,这个孩子10岁时就组织了一个帮派,他从未离开过毒品,而且毫无自律,然而他却有着值得尊敬的改邪归正的愿望。项目结束后,他彻底改头换面,决定专注他人生的项目。现在他正在上学,而且已经成为一名讲师,教导其他孩子如何让生活变得更美好。卡罗尔是一名14岁的女孩,患有严重的抑郁症,曾经两次自杀未遂,和凯文的路径一样,现在她正在开心地教导其他孩子如何从困境中走出来。

项目66:从芝加哥到洛杉矶

2015年9月,法比奥·路易斯·布拉吉奥先生驾驶摩托车奔驰在美国芝加哥到洛杉矶之间具有历史意义的66号公路上。作为一个摩托车爱好者,他的梦想之一就是沿着这条历史上著名的、以其风景而闻名于世的路线一直向前骑。作为一个临时性的行动，这次旅行完全符合项目的特点。项目66表明，项目管理技术可以而且应该应用在任何现实场景，远不仅限于IT和建筑领域的传统项目。它让我们看到，精益求精的详细规划的益处也可以在个人项目中得以实现，最终让梦想变成现实。

印度尼西亚改善儿童的学习体验

该项目始于2014年，其目标是建立对儿童独特学习特征的认识，并通过心理和教学活动开发每个学生的潜能。项目是在加札马达大学（University of Gadjah Mada）心理学院以及心理学、教育学和项目管理领域的独立专家的合作下开展的，数百名心理测试人员和5,000多名志愿学生参与了研究工作。该项目的主要成果之一是一个测试工具（被称为 AJT CogTest），它可以帮助家长和教育工作者了解孩子在什么条件下学习最有效。

CHAPTER 07
项目与组织

项目驱动型经济中的组织：管理、设计及其他。

项目革命的冲击力是巨大的，它将会对我们生活和工作产生非常大的影响，尤其是在商业领域，它将会极大地影响和改变工作的组织方式。

本章将详细阐述这种悄然而至的颠覆力量给组织带来的潜在影响，并且深入分析考察项目的重要性，以及项目的相关工作正在如何影响着企业的管理结构、组织设计和工作的优先排序。

以项目为基础的新时代企业管理

随着项目逐渐发展成为一种用来工作和创造长期价值的主要方法，一般来说，董事会和企业管理机构需要在战略性项目的选择、优先排序和监督方面发挥更大的作用。董事们需要学习项目的基础知识，了解应该如何帮助团队取得成功。下面，我要阐述的内容会涉及相关的案例，有些是正面的，有些则有点负面。在这些案例中，董事会在项目的选择和监督等管理方面发挥了关键作用。在本章的最后，我会讲解在项目驱动的新世界中应用企业管理结构的DAFO模型。

董事会在推动战略转型中失败

胜景游（Kuoni）是瑞士一家旅游运营商，该公司成立于20世纪初，是20世纪90年代欧洲领先的包办度假旅游供应商之一。当时它已经是一家非常成功的企业，在过去的30年间一直收入稳定，增长稳健，人们经常将其作为旅游质量和商业成功的楷模来引述。然而，2000年的时候，旅游市场发生了巨变，互联网兴起，酒店和航空公司可以创建自己的网站，与此同时，新的线上旅行社，如Expedia和TripAdvisor，也雄心勃勃地挺进了旅游市场，为客户提供方便、快捷和廉价的服务。突然之间，消费者可以对不同的费率进行比较，并且可以直接预订航班。

这种变化对利润率也产生了巨大的影响，尤其是像胜景游这样的老牌旅行社。公司受到了严重的打击，营业收入开始持续数年下滑。董事会和管理层都没有完全理解这种价值侵蚀背后的深层原因，他们在解释原因时经常会谈及特殊事件的影响，例如埃及的恐怖袭击事件等，而真正的原因是，董事会没有能够认识到已经变化了的旅游业动态。

直到2005年左右，董事会才认识到情况的严重性，并且意识到发生在旅游市场上的变化已成为常态。因此，董事会成员发起了一项战略性计划，试图将胜景游转型成为一家线上运营商。他们宣布该项计划是公司的首要任务，并且在线销售额应该大幅增加。除此之外，他们还引进了外部的专业技能来协助这场变革。

然而，这一数字化转型项目最终却惨遭失败。针对如何处理传统业务这个棘手的问题，企业内部展开了无休止的讨论，然而却从未得出任何结论。收入和利润继续下降，最终导致公司首席执行官彼得·梅尔（Peter Meier）和350名员工于2015年11月被裁员。

董事会对战略性项目缺乏有效监督

其实项目失败的根本原因是胜景游董事会未能认识到，缺乏对公司战略性项目的有效监督，直接导致了这些重要项目所需的管理能力的缺失。这样的故事绝非仅此一例，在以此为代表的许多案例中，董事会和管理层都存在以下通病：

- **缺乏重点**；
- 选择了**错误的战略项目**进行投资（或为其付出太大的代价）；
- 没有能够针对其他关键活动进行**优先排序**；
- 忘记采取**强有力的管理模式**来监督项目的成功实施，直至最终实现承诺的价值。

然而这家公司董事会的失误并非个案，德意志交易所2006年未能成功收购伦敦证券交易所，戴姆勒（Daimler）在整合克莱斯勒（Chrysler）时困难重重（最终在2014年以象征性的价格转售给菲亚特集团），以及最近拉法基（Lafarge）和豪西盟（Holcim）合并时遇到难题，其原因都类似。

但还有一个更重要的原因，也必须引起人们的重视。前面我强调过，随着大多数企业进入数字化和项基时代，它们将越来越多地需要依赖成功的战略性转型项目。在这种形势下，速度和复杂性将会给企业和董事会带来前所未有的挑战。数字化很可能会催生大量包含数百个项目的转型计划，并且消耗公司大量的资源。

人们逐渐认识到，在这个充满不确定性因素的世界里，企业通常在成功运营日常业务的同时，会选择实施一些有助于维持现有业务的战略性项目，与此同时捕捉有前景的商机。我的一项研究表明，组织一般会将资源（人员、时间、预算）的30%到40%用于项目相关活动中，这一比例是前所未有的，而项目革命还将加速这一趋势。

然而，目前却很少有董事会具备实施战略性项目的能力，更别提适应当今瞬息万变的环境了。将注意力转移到这一问题上来应该是它们的明智之举，此外，项目实施和项目管理方面的专业技能极少被视作董事的关键技能。事实上，对于路易·郭士纳（Lou Gerstner）曾经指出的几个在IBM成功转型中起到关键作用的能力，很少有董事宣称自己具备。在新的时代，董事会必须具备战略性项目管理和实施方面的业务能力和专业知识，这其实是一个问题的两个方面：一方面，战略性项目的有效管理能够避免严重的价值损失；另一方面，战略性项目的有效实施对于在项目驱动的现实中有效运行至关重要。对于成功是否与最佳管理实践或非凡的执行能力有关的问题，答案是和这两项都有关，成功的组织应该同时培养和具备这两种能力。

当公司和董事会处于危急关头的时刻，优秀的项目实施能力更是重中之重。2010年墨西哥湾马康多（Macondo）平台爆炸后，英国石油公司在面对这一重大灾难时的行动就是一个实例。当奥巴马总统将新任的董事会主席召至椭圆形办公室时，英国石油公司首席执行官最开始的不当行为就此结束。这位董事会主席离开白宫的时候，承诺了一项200亿美元的损失赔偿基金，英国石油公司的董事会全面参与，这项终止危机的项目终于出现了转机，开始取得成效。

失败的战略性项目中存在的管理问题

了解战略性项目失败的原因以及它们与企业管理要素之间的关联性至关重要，证据显示董事会对项目的监管不力存在多种表现形式。

通常，战略性项目失败的根本原因是，在投资某个项目之前，不但没有对该项目的环境进行深入的分析，更没有对与计划相关的成本、效益和风险进行彻底的研究，这与董事会在风险管理和财务资源规划方面的职责密切相关。富通的经历就是这样一种情况（见第二章）。富通的董事会当时未能准确评估其所要承担的投资风险程度，在没有任何思考的前提下，就决定不立即支付交易，而是通过延迟支付对荷兰银行的收购来豪赌一把。而从苹果iPhone项目中，我们看到的是另外一种情形（见第六章）。在项目启动之前，苹果经历了一个长达三年时间的构思阶段。然而现实情况告诉我们，iPhone项目确实是个例外，大多数的董事会在启动重要项目之前，都没有进行深入细致的分析。

另一个常见的错误是**缺乏优先排序**。如果组织实施的战略性项目过多，而同时又没有明确的优先级排序，资源就会在企业内部被过度稀释，团队之间会相互争夺资源，对某些项目最初承诺的贡献无法得到实现，大多数项目无法与最初估算的成本、时间和效益保持一致。这是董事会不可否认的失败，而且这一失败与其为组织**提供明确的战略方向的责任**有关，这种责任的缺失在胜景游的转型灾难中有明显的体现。与此相关的是，胜景游的董事会没有能够花时间去认真思考影响行业的更大的趋势，以及这些变化会将公司置于何种形式的风险之中。为了帮助董事会和高层领导者改进优先排序的方法，我开发了一个简单易行的框架——"目的层级"，对此我将在第八章中予以解释。

此外还有一些战略性项目，失败的原因是**董事会在执行阶段监督和支持不力**，董事会支持和监督战略性项目的方式可以有多种，其中最糟糕的是将项目监督列为董事会本来已经忙乱不堪的议程里众多常规项目中的一个。董事会可以通过多种方式支持项目：对商业论证提出质疑，以确保其与公司的战略保持一致；对重要的权衡问题做出决策，提供额外资金和资源；通过一系列关键的里程碑对项目进行控制，提供其关系网内的专家支持，甚至在必要时做出终止项目的决定。

我们必须认识到，**项目决策失误**和**项目管理效率低下**通常是项目失败的根本原因，例如在没有充分的战略性理由或资源不足的情况下仓促启动项目。之后，这些项目很可能会被错误地引导，并且即使在战略性的理由极大地弱化之后仍然在持续（可能是出于项目发起人或项目领导者的强烈自负，结果阻碍了项目的终止）。

如果项目被长期拖延并且投资成本较高，同时项目的效益只有在完成后才能实现（没有早期效益，或者在部分完成的情况下根本不会有任何效益），那么这就是一个结构性的危险信号。大型制药项目和像英吉利海峡隧道（见第四章）这样的超大型基础设施项目，都是很好的例子。这类项目的问题在于，一旦出现成本沉没之后更多的成本还会随时涌现，而且如果项目值得启动，那么它就值得在任何时间点上继续，即使是考虑到沉没成本之外的成本增加。因此，如果一个耗资100亿欧元的项目值得启动，且当项目完成了一半时，沉没成本为50亿欧元，那么未来的成本可能会再增加100亿欧元（即总计150亿欧元）。这样的情况还会再次发生，最终导致这些项目往往不能按期完成并且超出预算。英吉利海峡隧道的情况即是如此，最后该项目的股东损失了初始投资。这就引来了董事会和高级管理人员在项目方面的主要困境之一，即何时停止以及何时重新开始一个将不会按计划进行的项目。

但现在让我们来看一个体现出正确的项目能力的董事会的例子，本书将这些能力视作董事会在项目驱动的世界里必备的能力。

雷诺和日产联盟：董事会参与实施对合作双方至关重要的战略性项目

雷诺和日产于1999年3月27日签署了一项联盟协议，基于该联盟，双方制定了一项联合战略并致力于共同利益。双方的董事会都以谨慎的态度对待该联盟，然而，日产面临迫在眉睫的破产，连银行也决定不再对其续借贷款，日本的其他汽车公司没有一家愿意提供实质性的帮助。雷诺的董事会意识到，1993年雷诺曾经在类似的战略性项目中失败，那是一次该公司的卡车事业部与其在瑞典的同行沃尔沃的合并项目，在最后一刻，由于担心失去独立性，沃尔沃放弃了这笔交易。这一次，雷诺和日产都高度重视这个项目，双方都认为该项目对其各自作为主要汽车制造商在业内的生存至关重要。事实上，二者的联盟将保证合作双方能够获得最低水平的市场竞争力，并将进一步产生联盟协同效应，以弥补合作双方各自的一些弱势（日产方面的供应和设计，雷诺的制造质量和改进）。由于两家公司在文化方面存在极大差异，他们将保持各自的自主性，而双方之间的联盟主要体现在财务方面，其次是分享专业技能，包括分享管理人才，主要是雷诺向日产输送人才。

由于该项目的战略性和复杂性，项目治理和实施被给予了相当大的重视。两家公司在三个主要层面建立了联合管理结构：

- **董事会**：双方的董事会主席与雷诺方面的主管卡洛斯·戈恩（Carlos Ghosn）之间的无障碍沟通；
- **企业和业务部门层面**：戈恩邀请一些雷诺的主要管理人才和他一起进行管理；
- **运营层面**：成立一些联合项目工作组，雷诺的管理人员被请来弥补日产内部在管理方面的不足。

最初的两年，由于在处理员工、内部与外部流程、客户、供应商和市场合作伙伴等方面存在差异，双方之间发生了一些摩擦。另外新的劳动法将工作周减少到35小时，雷诺当时不得不缩减每周的工作时间，为此它需要与新的劳动力市场

CHAPTER 07 项目与组织

和政府政策密切协作。相比之下,在日本的日产则积极展示着日本企业工作时间较长和员工为公司的生存而牺牲自我的优点。

在这些症状开始威胁到两家关系并开始发生分歧之前,双方的董事会朝着共同的规划和执行迈出了一步。两家公司决定组建一个专门负责协调和管理联盟及其利益的实体,2002年3月,在阿姆斯特丹,雷诺—日产BV公司的名下成立了一个联盟战略管理委员会,该委员会在两个组织的最高层运作。

事实证明,联盟委员会的想法是横跨两家公司,有效协调项目的主要解决方案。该委员会并不是传统的、每年只召开几次会议的公司董事会,而是每月至少召开一次会议,它的作用实际上是相当于一个项目指导委员会。正如我在《项目画布》一章中所讲到的,这是项目成功必备的最佳实践之一。这种严密的监督和管理使得两家公司在保持独立的同时,又能够将计划和执行结合起来。事实上,这两家公司既拥有联合的股份,又保持着各自的独立性,通过其各自的执行委员会管理自身的运营,他们的执行委员会分别向各自的董事会报告。当然,卡洛斯·戈恩是日产、雷诺和雷诺—日产BV的首席执行官的这一事实,确保了必要的高层的一致性,并且防止了传统文化和政策方面分歧的产生和对两家风格迥异的公司之间协作精神的破坏。联盟委员会负责领导和协调两家公司的中期和长期战略项目,包括所有在先进技术和产品开发方面的联合项目的长期规划。值得注意的是,该委员会负责对汽车、财务政策、地域市场覆盖范围的变化和新产品开发方面的决策。联盟委员会还有权在雷诺和日产名下创建合资公司,并就新的合作伙伴关系和大型投资项目做出决策。

有大量的实证存在并且表明,该联盟对两家公司的财务业绩都有积极影响。除了最初节省了33亿美元成本外,2004年的总销量达到了5,785,231辆。比2003年增长了8%。雷诺—日产联盟(通过汇总两家公司的销售额而形成的虚拟公司)的全球市场份额在2017年初达到了9.6%,在世界排名第一。

董事会如何在项目驱动的世界中表现超群

如今，数字化转型对大多数公司来说，即便不是主要的，也是最大的战略性挑战。它涉及企业的一个战略性重新定义（可以一直上升到业务使命的变更，并由此涉及业务的"三大支柱"——目标细分、产品及服务的提供和业务模式——方面的重大变化），这种对业务的重新定义无疑会产生一系列的转型项目。我认为当下董事会应该承担起自身的责任，培养自身的项目执行能力，并支持其执行团队和组织最终成功实现这一重大转型。

雷诺—日产的例子说明了董事会参与的重要性，董事在战略性项目的选择和监督中所扮演的角色。与之相反，胜景游的案例让我们看到，忽视董事在这些事务中的职责和责任是企业管理结构上的一个弱点，它会给企业带来毁灭性的后果，并且常常会将企业置于破产的边缘，或者在事实上成为组织破产的根源。

为了应对这一挑战，并且有效地履行其信托义务，董事会和管理人员应该做出以下结构和文化层面的改变，我将其称为**项目驱动新世界里企业管理结构的DAFO模型**：

1. 纪律性（Discipline）：贯彻一种讲求纪律和问责的文化；
2. 一致性（Alignment）：调整组织的结构使其与变化的新形势保持一致；
3. 专注（Focus）：提高组织的专注和成果；
4. 监督（Oversight）：引入管理机构来监督和支持具体的执行。

纪律性

国家、组织和个人如果想要实施项目，都必须要有纪律，没有纪律，就很难有始终如一的贯彻执行。

CHAPTER 07 项目与组织

纪律的定义是"力求按照规则行事的训练"或"培养或提高某种技能的活动、锻炼或生活规则",它需要实践,而且会有助于组织和个人快速做出反应和执行。军队是最具纪律性的组织之一,如果没有纪律,军队就无法执行其防御计划。

不应将纪律视为抑制创新的负面因素,相反,创新依赖于纪律。组织应该将留给创意开发的时间与分配给项目实施的时间明确区分开,表现优秀的组织和个人能够做出这种区分,并且能够迅速从创意阶段转向实施阶段。如果他们在创新上花费太多时间,那么在他们决定开始实施项目时就会为时已晚,董事会和执行团队所面临的挑战是在纪律与创造力/灵活性之间寻找正确的平衡点。

个人和员工的纪律性的含义是,一旦项目获得批准,就应该被一丝不苟地执行,而不被反复质疑。但这并不意味着没有讨论、灵活性和变更的余地,尤其是在项目的设计或实施阶段出现意想不到的问题的情况下。

有关纪律的最后一个也是非常重要的方面是,项目的效益要在中长期之后才能看到,在短期利益上施加太大的压力最终只会有害无益。

一致性

组织活动和组织结构的一致性和平衡性,以及对项目活动的重视程度,决定了项目能否在绩效和实施上取得总体的成功。

然而,受"竖井心态"的驱使,管理层往往会低估甚至完全忽视这一事实。一些部门负责人会在自己的小王国内部运营,并且不太愿意与公司其他部门合作。在许多情况下,不同部门之间的重要绩效指标可能存在差异。

战略性的项目——那些因其对实现战略性目标的重要性而被甄选的项目——几乎总是跨部门的,并且需要整个组织内部的全面的一致行动。这就意味着诸如将业务扩展到另一个国家这样的战略性项目,需要来自许多不同部门的资源和投入。设施专家负责寻找地点,律师负责处理法律文件,人力资源专家招聘人员,销售人员制订商业计划,等等。

由于这些项目的规模和重要性,所有部门的联合与合作是其最终取得成功的必要条件。

专 注

大多数的企业和员工都是极其不专注的，哈佛大学心理学家马修·基林斯沃思（Matthew A. Killingsworth）和丹尼尔·吉尔伯特（Daniel T. Gilbert）的一项研究结果表明，人类天生就是不专注的。

将所有情况都算在内，平均有50%的人没有专注他们所做的事情。此外，在职场上的员工倾向于将其30%至40%的时间用于处理计划外的干扰事件，以及事后的排除干扰和重新集中精力的事件。如果说20年前的情况并非如此，只是因为干扰工具没有那么多而已。

专心致志需要有秩序，它需要付出精力、劳动和某种程度的痛苦——这些往往都是人们试图躲避的东西。高层管理人员在设置和传达优先事项排序方面感到困难，于是大多数工作人员最终自己决定应该在哪些方面使劲儿，而他们选择的很可能是些简单并且无关的任务。如此缺乏明确的目标造成了资金和资源的巨大浪费，战略的无法执行，项目的失败以及员工的不满和违背承诺。成功的个人都是高度专注的，这一道理也同样适用组织。虽然每个企业在开始时都会有明确的目标，但只有那些能够保持专注的企业才能取得成功，并且在行业里立于不败之地。

如果一家公司的高层管理人员目标不专一，就会大大增加其他部门不专注的可能性。缺乏明确的目标不仅会让人失去幸福感，还会造成错误的发生、时间的浪费、信息的误传和误解、生产力的降低和收入的损失。但如果最高管理层高度专注，员工也会受其感染，从而会大幅提升业绩。

专注的好处是巨大的——好消息是所有这些问题都是可以克服的。史蒂夫·乔布斯在1997年重返苹果公司时所做的第一件事就是在几周内取消了大约70%的产品和数百个项目，他当时坚定地认为苹果公司目标不集中，而为了生存，公司必须要有专一的目标。乔布斯通过提高专注度成功实现了苹果的转型，而这样的事，任何主管人员都可以做。

监督

按传统方式运作的组织难以支持和跟进战略性项目的一个主要原因是缺乏正确的管理结构。虽然首席执行官和执行委员会最终对公司的所有举措负责，但现实情况是，大多数公司仍然没有针对有效执行公司规模的战略进行明确的责任分配——这就是为什么这些举措经常失败的原因。

一旦战略规划部门确定了未来三到五年的战略性计划，就会将执行这些计划的任务交给各个部门。但是，如前所述，职能性组织的各部门只关注他们自己在战略中应该负责的那部分，例如，营销几乎完全专注于其营销计划，而营销计划又会被分解为不同的措施、方案和项目。

因此，当今的管理结构需要一个职能——甚至是一个部门——来负责战略性的跨部门的项目，并形成一个对战略执行进度的统一的总体观。最重要的是，当发现战略没有得到正确执行时，要及时予以提醒。应该设立一个标准的董事会议程项，以鼓励围绕项目以及项目如何为组织创造价值的主题展开对话。事实上，这种能力特别需要，尤其是进入只支持和激励这种想法和习惯形成的数字时代。

在解释了领导者、董事会和个人如何通过改变来增加项目成功的可能性之后，让我们再来看看组织需要如何自我调整，以提高其应对市场机遇和变化的灵活性。

成为敏捷组织以求在项目驱动的世界里蓬勃发展

阿尔弗雷德·钱德勒（Alfred Chandler）在其1962年出版的《战略与结构》一书中指出，一个组织的结构应该由其所选择的战略来驱动，否则就会导致效率低下。

更进一步讲，项目活动在组织结构中体现的程度决定了项目整体实现成功的可能性。如果管理者低估甚至完全忽视这一事实，那么组织就无法快速随着业务和市场的变化而变化，其结果是，组织不复存在，大批的战略性项目以失败告终。

大多数西方企业都采用功能性或层级性结构，层级背后的支持理论是以提高效率和实现专业化为目标的。这一理论对于在稳定的环境里高效地运营业务是很理想的，企业里的部门是沿着迈克尔·波特价值链模型影响之下的价值链划分的。传统形式的企业通常是由首席执行官、首席财务官、首席运营官和首席信息官管理的，位居其下的是各业务单位和职能部门的负责人。所有这些管理者都有各自的预算、资源、目标和优先事项，层级组织将信息和控制权集中到企业高层的几个人手中，最重要的和最具战略性的决策是由领导小组缓慢地做出，而且与市场现实相去甚远。

今天的组织真正需要的是能够帮助人们做出决策的策略，组织必须有能力在其真实情况发生的层面做出反应，通常是在运营层面。

此外，直到现在衡量某个部门是否成功的标准依然是那些为各单位或职能部门量身打造的重要绩效指标。例如，衡量财务部门成功的标准是它是否完成了期末结账和财务报告，衡量人力资源部门成功与否看的是它是否留住了优秀人才（较低的人事变更率）或者是否按时完成了员工评估。

一些单位负责人倾向建立自己的地盘，而横跨不同部门的合作往往会让他们感到很麻烦。发展到最后，部门之间在绩效指标上的冲突就是司空见惯的了。另一方面，我在前面也讲过，最关键的项目，也就是最具战略性的项目，都是横向性的，即公司范围的。这些项目需要来自组织内部每个部门的资源、时间和预算，要是没有所有成员的贡献，项目成功的可能性就非常小。

在传统的职能性组织中，跨部门或公司范围的项目始终面临着相同的难题，其中的一些与下列问题相关联：

- 哪个部门将会领导该项目？

- 谁将成为项目经理？
- 谁是该项目的发起人？
- 如果项目成功，谁会得到好处？
- 谁是分配给项目的资源的所有者？
- 谁将为该项目出资？

竖井心态更加剧了这种复杂性，在这种心态的驱使下，管理者经常会想尽管某个项目很重要，但如果它的成功不但不会对自己有任何加分，反而会让某个管理岗位上的同事（通常是直接竞争对手）受益，那又何必一定要为项目投入资源和预算呢。

在传统的组织结构中，快速的项目执行是不可能的。在如此复杂的结构中仅仅管理一个项目就是一种挑战，所以你可以想象，选择和执行数百个不同规模的项目的难度会有多大。

中国方式

有趣的是，尽管面临着竖井心态、缺乏敏捷性、安于现状、创新的无力以及传统组织的所有缺点，中国企业却屡次成功地实现了组织的重组改造。让我们来看看三个成功的中国组织模式：小米、阿里巴巴和海尔。

小 米

小米是一家致力智能硬件和电子产品的移动互联网公司，该公司是最具价值的中国独角兽企业之一（一家价值超过10亿美元的初创公司），资本市值达500亿美元。该公司被列入《麻省理工学院技术评论》全球50家"最智能公司"榜单，其创始人雷军登上了《连线》杂志封面，并声称"该是世界效仿中国的时候了"

（it's time to copy China）。

该公司于2010年诞生并迅速崛起，它曾连续四年跑赢了苹果在中国的智能手机销量。接着小米以惊人的速度推出新的产品，几乎每次都令市场上的老牌企业感到不安，或者至少感到吃惊。截至2018年，小米成功推出了40多种产品，从智能电饭煲和空气净化器，到机器人吸尘器和智能跑鞋。

小米以其非同寻常的营销策略吸引着众人的眼球，这些营销策略完全依靠数字技术。它所利用的是在线销售渠道和社交媒体平台，而不是重资产的零售商店和分销商，最终形成了能够满足目标客户需求的低成本的销售渠道。然而，小米的真正创新之处在于如何**通过项目来驱动其组织模式**。

该公司在市场上的40多种产品并不是按照战略性的业务单位组织的，也没有变成组织层级结构中的一部分。它的组织结构相对扁平——7位联合创始人与工程师和销售团队之间只相隔一个管理层级，后者占其员工人数的绝大部分。此外，联合创始人必须直接参与项目和新产品开发，他们参与与用户之间的互动（比如在小米自己的平台上），并且持续跟踪产品和项目的最新信息。每位小米的员工——包括每位创始人——都有直接处理客户要求的某些配额的契约责任，他们有一个精密的数字化问题分发系统，能够将问题分配给所有合适的员工。接近客户的程度不仅成为员工绩效的评估标准，也是客户驱动型项目的驱动因素，每个新产品的开发都被视为一个项目，都可以通过调动小米的内外资源来实现。

两个突出的特点：

首先，小米采用了一种新的产品开发方法，这种方法的主要目的是以最快的速度将产品原型推向市场（即通过足够好的产品），同时积极地让用户参与到技术和设计的微调和更新中来，由此便生产出主要由社区共同开发的产品，换句话说，这种产品更贴近市场需求，而且其研发过程也更加高效。小米同时还选用最合适的零部件供应商，专注集成和设计，而不是生产和硬件研发，小米的核心能力是其项目驱动的结构，在这种结构中，商业模式、营销、推广和设计都是以客户互动为中心，而不是生产。这样做的结果是，公司可以在无须投资传统组织模型所要求的生产和研发的条件下，提供给客户想要的优质产品。

其次，通过利用外部资源，小米的客户驱动型项目也得到了加速。与小米的三个原创设计产品——智能手机、电视机顶盒和路由器一样，小米的所有其他产品都是与其他公司或企业家合作开发的项目。例如，小米发现了空气净化器的巨大市场需求，但却没能找到合适的生产商，于是小米找到华北理工大学前工业设计副教授苏军，建议他开发一台空气净化器，然后小米投资了这家初创企业。产品在9个月内（截至2014年12月）完成开发，并以899元的杀手级价格推入市场，这个价格仅为当时平均市场价格的三分之一。

阿里巴巴

阿里巴巴集团是全球最大、最具价值的零售商，业务遍及200多个国家。该公司拥有50,000多名员工，资本市值为520亿美元（截至2018年初），是全球十大最具价值和规模最大的公司之一。阿里巴巴的成功在很大程度上归功其创新的组织结构，一个自1999年公司成立以来推动着该公司实现快速业务增长和转型的商业生态系统。商业生态系统是指"一种新的组织形式，在这种组织形式中不同的业务通过各种股权关系相互依存，同时将各种产品和服务提供物组合成为以客户为中心的产品"。

阿里巴巴的商业生态系统包括至少20个不同领域的数百家公司、风险企业和项目，但其中大部分是独立运营的业务，既不是战略业务部门的一部分，也不受汇报结构的约束。事实上，阿里巴巴商业生态系统中许多参与者的规模仍然相当小。

阿里巴巴被广义地定义为一个在数字技术支持下的由公司、风险企业和项目构成的动态系统。阿里巴巴并没有自上而下地指导新产品的开发和项目的实施，而是扮演了一个所谓的"重力供应商"和网络协调者的角色。例如，阿里巴巴的核心业务包括4个拥有7亿用户的电子商务平台（Alibaba.com, 1688.com, taobao.com 和 Tmall.com），此外，生态系统中的公司、风险企业和项目之间的相互依赖关系不仅仅只是基于财务和股权,尽管这些是参与商业生态系统的先决条件。增长战略、投资方法、产品提供物、业务协同效应和资源共享之间都存在这种相互依赖的关系,这个生态系统中的创业项目输得起,它们的失败不会对整个生态系统的可持续性或高层管理人员的职业生涯造成严重影响。

在阿里巴巴生态系统中,员工的选择和管理的依据是一致的价值观,而不是规章制度。阿里巴巴的主要价值观包括客户第一、团队合作、拥抱变化、诚信、热情和敬业。这种以价值观作为驱动力的方法,其结果是鼓励冒险,并产生强大的组织文化和竞争力。员工每季度考核一次,并根据绩效和价值进行评级,绩效和价值被认为具有同等重要性。公司并没有什么人力资源手册,只有一套指导员工在高度动态的环境中如何行动的强有力的原则。员工可以根据自己的意愿启动任何项目,而无须考虑其所在的公司或部门,阿里巴巴的生态系统实际上提供了一个安全的资源市场,在这里,项目发起人可以不受公司等级界限以及复杂的层级和垂直报告结构的限制来实施他们的想法。

在维护其商业生态系统的企业家特质方面,阿里巴巴付出了相当大的努力。虽然大多数中国企业家都是从零开始的草根创业者,但也有很大一部分中国互联网行业的企业家是从大型科技公司中涌现出来的。阿里巴巴至今一直是最活跃的新CEO的制造者,截至2016年初已有超过450人从阿里巴巴出来,开始创办自己的企业。许多新项目都是在阿里巴巴的生态系统内进行的,它们充分利用了阿里巴巴生态系统丰富的资源和机会,新的项目举措和实施始终处于生态系统内部,不会受到官僚体制、部门孤岛或管理限制的影响。

海 尔

海尔集团是当今世界领先的家用电器品牌。公司成立于1984年,自2009年以来,始终是世界白色家电供应商的领头羊。海尔集团拥有全球10%的市场份额和超过78,000(2016年)名员工,世界品牌实验室的全球500个最具影响力品牌榜单将海尔列为全球白色家电之首。2016年海尔收入超过2,000亿人民币,并以54亿

CHAPTER 07 项目与组织

美元的价格收购了通用电气的家电部门,回想其30年前不起眼的草创阶段,这在那时是无法想象的壮举。海尔也是首批不断向市场推出新产品的中国企业之一,它有许多能够满足中国用户特殊需求的产品——例如,转速更快以及15分钟不间断洗涤的洗衣机。新产品的创意不仅仅源自工程师和经理们,许多产品的创意都来自公司的前端,比如维修人员和销售人员。海尔的水晶系列洗衣机的推出,依靠的是几个系列的针对旋转速度和运行噪音进行的用户观察、调查和创新。

自1998年以来,海尔一直在尝试建立新的组织形式,其目的是希望通过组织的工作单位和内部劳动力市场来减少层级和控制,增加自主性。然而直到2010年,海尔才在整个公司内部建立了一个独特的项目组织平台。

海尔创建平台化组织的第一步是对公司的结构从根本上进行重组。首先,公司取消了战略业务部门和管理层级,目的是实现产品与用户之间的零距离。公司重组后形成三个有具体侧重点的项目单位:第一个项目单位专注新产品的开发、营销和生产,这是最接近用户的部门;第二个项目单位是围绕企业行政辅助职能组织的,如人力资源、会计和法律;第三个项目单位是执行团队。有趣的是,第三个单位规模最小,且位于倒金字塔的底部。其角色被重新定义为,面向客户的自组织型项目组织提供支持的职能部门。

海尔目前拥有数千家工作单位,其中有100多家年收入超过1亿人民币。最近该平台又有了进一步的演进,允许生产非核心产品的工作单元分拆出去。自2014年以来,公司允许外部投资者与海尔的投资基金共同投资有前景的新产品。例如,一家家具制造商投资了某个工作单位开发的有关房屋装修的电子商务平台(Youzhu.com)。到目前为止,已有41家这样的分拆子公司获得了资金,其中16家获得的资金超过了1亿人民币。

通过诸如权力下放、去中介化和消除内部沟通障碍等措施,海尔将员工人数减少了45%却创造了160多万个就业机会。

在项目革命中取得成功必须要有精益、敏捷的设计思维和项目驱动的组织结构

作为具有强有力的自上而下的领导和快速实施能力的大型组织,中国企业同时还具备高度的创新能力,并且能够通过快速的项目实施来适应不断变化的市场,小米、阿里巴巴和海尔的案例展示了这些中国公司是如何通过将精益、敏捷和设计主导的方法与项目驱动的组织结构相结合来组织和拓展业务的。

精益:由于是在复杂而充满活力的中国市场中运营,这些中国企业都将其组织设计成为一个工作系统,而不是控制系统。这种方法侧重于通过实验和学习做出决策,同时将权力授予最接近客户的人员。精益制造的关键特征——例如零浪费、持续质量和工艺优化——都可以在这些新颖的组织方式中看到。阿里巴巴的价值驱动而非控制驱动的管理,和小米的迭代式开发和产品的快速升级,都是基于实验和快速学习周期的逻辑。

敏捷:随着互联网的到来和随后的数字化技术革命,一些先锋企业适应变化的速度令许多国际企业惊讶不已。不仅仅是这些数字原生代BAT和小米,就连索尼和海尔等传统制造商也已拥抱了数字技术,并在新的时代打造了自己的竞争优势。通过采用数字技术并将其深深植入组织结构中,这些企业能够通过迭代式产品开发来适应不断变化的市场条件。

设计思维:这些中国的成功案例的共同特点就是追求与客户零距离接触的终极目标,除了能提高反应度外,它还能让组织有能力去处理存在歧义的问题,并且通过实验的方法探索客户认可的解决方案。事实上,中国企业不可避免地会成为设计思想家:面对高度活跃的市场,新客户的不断涌现,以及普通客户有限的忠诚度和成熟度,中国企业不得不尽可能地接近客户。许多新产品的开发项目,如海尔的水晶系列洗衣机和小米的大部分消费电子产品都是以客户为导向,而不是受产品或技术驱动的。

项目驱动的组织结构:小米、阿里巴巴和海尔呈现的中国公司的三种组织模型代表着围绕客户建立的企业商业生态系统,它们的组织结构是在项目驱动的世界里发展壮大起来的,它们有共同的属性:第一,没有作为主导性的组织结构和管理治理手段的战略业务单位；第二，有创业的动力和奉献精神；第三，有相对简单的组织结构。此外，风险承担和新项目的执行不受官僚体制负担的制约，而是受到商业生态系统组织框架内部资源的影响。

适应还是死亡：到了该改变组织结构的时候了

在过去的一百年里，西方企业都是以相同的方式组织起来的，它们的层级结构已成为创新、增长和成功实施项目的主要障碍之一。对于许多企业来说，改变组织模式已成为生存的必需条件。

而与此同时，中国的企业已经探索并引领了现代化组织的运营方式。上述几个例子为我们提供了三种模式，这些模式或许可以将西方公司从退化中解放出来，调整结构、转移权力和打破传统的管理模式是前进的必由之路。然而，实现这一目标需要为了组织的共同利益而放弃旧有的个人驱动的思维模式，它同时也需要勇敢而坚定的领导者。

CHAPTER 08

项目再思考

项目革命促使一些具有前瞻性思维的组织
能够对其既定的商业模式进行根本性的创新。

不卖产品卖项目

最初,企业卖的是产品,后来,又开始做销售服务。近些年来,比较流行的做法是企业销售体验和解决方案,同时解决客户的需求和愿望。

事实上,所有这些事情,企业都要做,只不过企业售出的越来越多的是体验项目。为了理解它们之间的区别,我们可以以一家运动鞋企业为例,比如耐克或阿迪达斯。如果专注产品,就意味着公司专注卖运动鞋。如果专注体验,就可能意味着他们会向你出售当地某个跑步俱乐部的会员资格。如果专注解决方案,则可能意味着他们会想办法帮助你达到目标体重。尽管这些方法所能带给你的价值显然要超过只卖给你一双鞋,但同时它们也具有局限性。专注产品销售会让企业来自客户的收入变得有限:除非这家企业能够持续创新并且不断更新产品,否则客户的流失就会升高,而且很难激励他们回购。体验销售所带来的利益是无形的,难以量化和度量的,而且这种方法通常需要专注满足单个客户的需求,因而无法进行大规模生产。销售解决方案在21世纪初风靡一时,那时客户不知道该如何解决自己的问题。但是今天,在互联网时代,人们实际上可以自行研究并且为自己找到解决方案。

而专注项目销售的含义是,帮助人们做一些更具体的事,比如,参加波士顿马拉松比赛。耐克可以为你提供传统的运动装备,但同时也可以包含培训计划、饮食计划、教练和监控系统,以帮助你实现梦想。项目会有一个明确的目标(跑完马拉松比赛)和明确的开始和结束日期,但这只是项目的一种,与产品相比,项目更有无穷无尽的可能性。

让我们以飞利浦的演进历程为例。1891年,赫拉德·飞利浦(Gerard Philips)和他的父亲弗雷德里克在荷兰南部的埃因霍温市成立了飞利浦公司,并以生产碳纤维灯起家。飞利浦的成功依靠的是一种创新文化和快速的新产品投放，在一个多世纪的盈利发展期间，该公司持续不断地推出了种类繁多的产品。如今，飞利浦的产品从自动的体外除颤器，到整个城市的节能灯光照明，几乎无所不包，该公司甚至还将其智能传感器技术应用在了刷牙上。产品的丰富多样意味着飞利浦拥有充裕的现金，然而在过去十年里，该公司的销售也曾出现过停滞，而且市场对它的担忧也已经在其股票价格上体现了出来。面对这种不断变化的现实，飞利浦进行了长时间认真的自我审视，最后他们认为，没有重点和缺乏战略实施能力是亟待解决的关键问题。在21世纪10年代中期，随着竞争的加剧，飞利浦董事会决定将组织划分为三个不同的公司：消费者健康、照明和医疗保健。

  随后，飞利浦发起了"加速"（Accelerate）计划，旨在通过将每个新的独立公司转变为目标专注的组织来加速推动增长，而此项"加速"计划所引发的转型变革的核心是项目。在过去的很长一段时间里，飞利浦变成了一个错综复杂的模糊矩阵。责任和职责在产品、细分市场、国家、地区、职能部门和总部之间分摊，而今，它开始着手简化这种错综复杂的、过时的组织结构。为此，飞利浦将项目放在了中心位置，项目被确定为打破孤岛和鼓励团队在组织中横向（端到端）工作的最佳管理结构。作为这项决策的一部分，飞利浦医疗科技被分成三个事业部，实现这一目标的关键是大幅增加通过项目执行的工作，公司从每年向客户销售几种产品转向与客户建立数十年的密切关系。

飞利浦医疗科技从产品到项目的转变

  飞利浦医疗科技面临的最大挑战之一是其产品的预期寿命越来越短，产品推出后没多久就会被竞争对手复制，这意味着产品的定价必须要更高一些，很快它们变成了一种商品，于是任何取得长期的、稳定的高利润率的机会都被抹杀掉了。

  甚至在高端医疗保健产品上，飞利浦也经历了同样的问题。应对这一问题的战略性对策就是将侧重点转向项目销售，而不是产品销售。例如，飞利浦销售的高科技医疗设备，以往这些设备只是被当作产品出售（现在仍然如此），然而，如今的飞利浦发现了那些可以使用产品的项目：如果客户正在考虑建立一个新的医疗保健中心，那么飞利浦会寻求从项目一开始就成为它的合作伙伴，包括新医疗保健中心的运营和维护。

飞利浦注重项目的成果之一是其与威彻斯特医疗中心健康网络的合作，这次合作旨在改善纽约哈德逊河谷数百万患者的医疗保健条件。基于这一长期的合作关系，飞利浦为威彻斯特提供全面的临床和商业咨询项目，以及先进的医疗技术，如成像系统、患者监护、远程医疗和临床信息学方面的解决方案。

医院也与飞利浦建立了类似的长期合作伙伴关系，通过这种关系，医院已经能够显著提高其放射医疗的总量，并将磁共振成像的等待时间缩短了一半。这些组织不仅在技术方面的支出减少了35%，而且也提高了临床质量。

飞利浦并不是唯一一家通过提高对项目销售的重视来实现颠覆性转型的企业，在微软，公司的整个重心已转移到了云服务，而大部分的云服务都是以项目的形式提供的，微软现在拥有大约10,000个正在运营的项目。爱彼迎（Airbnb）是一家点对点在线市场和民宿出租网站，2017年价值达310亿美元。爱彼迎曾宣布开始销售"体验"，即小型的旅游项目，希望借此方式创造新的营收来源，以及应对一些较大的市场上日益严格的监管审查。生物制药行业也在关注治疗计划与政府和其他采购商的合作，而不是简单地提供单个的药品。

项目革命影响的是业务的核心

显然，项目革命以及这种向销售体验或解决方案项目而非产品或服务的转变，对企业及其商业模式都提出了相当大的挑战。下面列出的是其中重要的几项：

- **收入来源**：收入的产生将会是长期滞后的（即项目的时长），而不是在产品销售之后立即产生，这将会影响到收入的确认方式、财务政策和公司的整体估值。
- **定价模型**：需要开发出新的定价模型。对于产品来说，大部分的固定及可变成本都是已知的，而项目却要受到许多外部因素的影响，因此对产品的定价要比对项目的定价更容易些。
- **质量控制**：单单依靠提供高质量的产品不足以满足客户的期望。实施的过程以及实施后的服务也应该尽可能提高质量，以确保客户会重复购买项目。
- **品牌推广和营销**：传统的营销注重的是短期的直接利益。今后，营销团队应该针对组织所销售项目的长期利益进行宣传。
- **销售人员**：项目的买方将不再是组织的采购部门，推销的对象将会是企业的领导者。因此，必须根据战略和项目管理能力的要求对销售队伍和销售技能进行升级。

你应该休息片刻，认真思考一下自己的组织销售的是什么。是一个体验项目吗？慢慢你的答案会变得越来越清晰，越来越肯定。否则，你要当心，因为你的产品可能很快就会成为别人售卖的项目的一部分。

优先排序：目的的层级结构

优先排序通常被视为一种个人技能，当人们思考应该如何安排今天、本周、本月或者今年的时间时，就会进行优先排序，但优先排序也是一项重要的组织和领导能力。实际上，组织和个人对其活动进行优先排序的方式和缘由，是决定其能否成功的关键性因素。然而令人惊讶的是，它却是生活中最不被理解和最容易被忽视的一个方面。决定许多组织和个人启动项目往往凭借能力和直觉，而不是战略和事实。

理解"优先级"的方式有多种，但就组织方面而言，优先排序是根据事情的真实重要性来安排议程，并且会反映在资源的分配方式上——尤其是稀缺的时间和财务资源。根据我的经验，导致个人和组织失败的主要原因一是对于什么是要紧的事情缺乏清楚的认识，二是单纯地选择了错误的优先事项，而后者造成的结果可能是灾难性的。

让我们来看看最近的两次典型的企业倒闭事件。首先是柯达，柯达公司并不是没有预见到数码摄影的兴起，而是选错了需要优先考虑的事项。在20世纪90年代，柯达投入了数十亿美元用于开发利用移动电话和其他数字设备拍摄照片的技术。但是克莱顿·克里斯滕森（Clayton Christensen）体现了创新者窘境的经典案例，由于担心开发针对大众市场的数码相机会毁掉公司最重要的胶片业务，柯达在这一计划面前退缩了。而与此同时，日本公司佳能确定了数码摄影的战略优先地位，并迅速杀入该领域。

与柯达一样，芬兰公司诺基亚先于大多数竞争对手开发了智能手机技术，但它决定不在该领域启动项目，而是将开发现有产品放在优先位置。如果诺基亚当时选择了不同的优先事项，它依旧有可能是世界领先的电信运营商之一。

如果执行团队不对工作做出优先排序，中层管理人员和员工就会根据他们自己认为什么是对组织最有利的来进行排序。起初，我们可能认为这是一个很好的办法——毕竟自20世纪中期以来，赋予员工自主决策的权力始终是备受赞许的做法，而且哪个组织没有采用过这种做法呢？然而，如果没有一系列确定了优先顺序的战略目标，其后果往往是灾难性的。

为了说明这一点，下面让我们来看一个实例。萨曼莎在一家当地的银行担任出纳员，工作内容是为客户提供服务。她喜欢自己的工作，而她的父亲也在同一家银行度过了整个职业生涯。然而与许多其他银行一样，由于利率低，竞争加剧和烦琐的监管负担，公司挣扎在生存的边缘。执行团队工作了数月，希望找到一个能帮助公司走出困境的新战略，因此他们确定了两个在他们看来能够拯救公司未来发展的战略性优先事项。

在一系列的职工大会上，首席执行官告诉包括萨曼莎在内的员工，银行的新战略基于两个战略性优先事项：

1. 改善客户体验：将满意度提高20%；

2.提高效率：每天服务的客户要比以前多20%。

信息非常明确：只要萨曼莎和她的同事们能始终目标专一并且达到两个战略性优先事项的要求，公司的未来和他们自己的工作就有了保证。第二天，当她听到首席执行官说这个她深爱着的公司的生死存亡掌握在她自己的手中时，瞬间充满了动力，她牢记着这两个战略目标，开始尽可能高效地为客户服务，同时脸上总是带着微笑。一切都十分完美，直到有一天一位客户开始谈论自己的损失和他的可怕经历。他显然是想与萨曼莎攀谈，萨曼莎最初对这个想法感到很高兴，因为这会极大地提高客户满意度。然而几秒钟后她开始发呆，她想到了第二个战略目标：效率。如果她花几分钟时间与客户交谈，她的客户服务率就会受到影响。该怎么办？她不知道哪个目标更重要，但这事得由她自己来决定，问题是所有的银行出纳员每天都面临着同样的两难处境。

银行的执行团队以为自己已经明确向员工传达了拯救银行的战略目标，但实际上他们却制造了操作中的左右为难。最终，银行的业绩没有提高，许多热爱自己的工作并且努力执行新战略的员工被解雇了。

对优先事项的意义的有效传达有助使组织的大多数项目与其战略保持一致，商业思想家们通常都主张这种一致性，但是组织的现实情况要远比许多人认为的复杂得多。战略目标有时是不明确或者不存在的，通常企业的战略目标与业务部门或职能部门的目标之间存在差距，并且缺乏一致性。

一个组织如果想要有效确定优先顺序，就必须识别并且明确地表达出哪些事情是最重要的。在我自己的职业生涯中，我一直尝试着应用市面上的各种理论和工具，但没有一个被证明是成功的。这些理论和工具缺乏实用思想，而且需要有经数月才能筹集到的投入，还要有一个庞大的团队来及时跟进。

我在几家跨国公司担任主管时，遇到过一些有关优先排序的挑战，为了解决这些问题，我开发了一个简单的框架，将其称为目标层级。无论是董事会、执行团队还是个人，都可以利用这一工具对优先事项进行排序，选择其最重要的项目。

目标层级框架基于五个方面：目的、优先事项、项目、人员和绩效。每个方面都应该依次给予认真考虑，并且只有在一个方面被敲定并得到充分理解的情况下，组织才能进入下一个方面。

目　的

愿景和使命始终是人们津津乐道的概念，但这里面往往包含一些通常由专业顾问构思出的花哨的辞藻。这些用语经常含混不清，没有可以让人理解的差别，因此在制定战略目标时人们几乎不会使用它们，导致工作人员不知道究竟什么才是真正重要的。在这种情况下就可以转而使用目的，要陈述组织的目的以及支持该目的的战略愿景。目的必须清晰明确，且能够为组织内的所有工作人员所理解。亚马逊的目的——"成为地球上最以客户为中心的公司"——就有足够的清晰度和说服力，可以避免在组织内部产生任何歧义。

优先事项

一个组织所能够接受的优先事项的数量是可以暴露其内部真实情况的。如果执行团队的风险偏好偏低，他们往往会有很多优先事项，他们不想冒险错过最新技术，错失市场机会，等等。而另一方面，如果主管人员喜欢冒险，他们往往会全神贯注很少的几个优先事项。他们知道当下和未来什么是重要的，他们会定义组织现在和未来的最重要的优先事项。以亚马逊为例（见上文），它非常明确地将以客户为中心作为目的，每一个在亚马逊工作的人在做决策时都知道，与客户相关的事情总是要摆在第一位。

项　目

战略性计划和项目在成功执行后，能够让组织更接近其目标和战略愿景。如今，企业内部之所以存在大量并行的项目，主要是因为启动项目比完成项目更容易。通常决定项目启动的是能力而非战略，只要有人手，项目就可以启动，如果没有，就不予考虑。但是，组织应该真正投入和专注于哪些项目呢？而且谁愿意冒险失去一个巨大的机会呢？通过目的和优先事项，管理人员能够识别出哪些是最佳的战略性计划，哪些是应该投资的项目。同时，这也有助辨别出那些应该停止或废除的项目。虽然理论家们建议开发一些能够进行自动优先级排序和选择创意的公式，但我建议不要使用这样一种系统性的方法，这样的工作主要是为管理层提供不同的方向和观点，而最终管理层是必须要基于人的智慧做出决策的。

人　员

在组织层面进行优先排序是非常困难的，大型组织里面的人对于何为重要事项有着强烈的个人意识。组织中的每个人都有自己的优先级列表，这些在本质上都是追逐私利，表现为既有个人的抱负和愿望，也有与组织战略保持一致的意识。然而，正如我们从萨曼莎的例子中看到的，员工是公司战略的实施者，他们执行日常业务活动，实施项目的交付。他们还不得不每天做出许多小的决定和权衡，让组织的优先事项和战略项目变得清晰明确，确保每个员工都朝着同一个方向前进，将最佳资源分配给最具战略意义的项目，并将其从日常运营的任务中解放出来：当项目拥有一个完全专职的团队和一个强大的专注的并且积极主动的发起人时，项目的交付将会更加成功。

绩　效

在传统的方式中，绩效指标并不对优先事项进行衡量，也很少体现出公司在实现战略目标方面取得的进展。项目指标衡量的往往是输入项（范围、成本和时间）而不是输出项，因为输入比输出（例如效益、影响和目标）更容易追踪。指标的确定是与组织的优先事项和战略项目的预期结果相关联的，在这种情况下，少即是多，因此每个领域有一两个指标就可以了。如果衡量绩效的方式能让人们牢记在心，那就更好了，其终极目标是让人们深深记住少有的几个成果绩效指标。最后，管理层应该拥有正确的相关信息，以快速响应市场变化和监督一系列新的优先事项。

目标层级框架的好处

具有高度发达的优先级意识的组织会拥有强大的实力,且会从显著的竞争优势中获益。这些组织能够大幅降低成本,因为可以叫停那些未能按照明确说明的措施交付的低优先级活动,也为减少重复整合和减少预算超支提供可能性。总体而言,优先排序可以提高大多数战略项目的成功率,提高执行团队围绕战略优先项目的一致性和关注度。最重要的是,最终形成一种执行的思维模式和文化。

每当我在高层管理人员当中使用目标层级工具时,都会发现它的一个主要的潜在益处,那就是讨论过程变成了非常有趣的战略对话。例如,首席执行官可能会问销售总监:"如果目前我们只投资现有市场,或者合规项目占我们项目总能力的60%,我们打算如何实现国际增长目标?从长远来看这是否可持续?如果平衡我们的项目组合,增加对增长和成本优化方面的投资,而减少对合规方面的投资,会产生什么后果?"

考虑一下组织的目的和优先事项,是否所有员工都在按照这些优先事项工作?这些活动的优先次序是否符合整个组织的最佳利益?如果突然出现经济衰退,你的优先事项将会如何变化?

组合管理:如何监督和实施所有项目

除了优先级之外,组织当今面临的最大挑战之一是如何在执行日常活动的同时实施数百个项目、程序和战略性计划。

项目组合管理的目的是加强组织顶层的战略对话,然后在组织的其他部门之间逐级传递。一旦执行团队理解了这一点,项目组合管理就可以深深植入到组织及其企业文化中。

在过去的十年，我曾在一家大型电信运营商、欧洲最大的银行之一和一家领先的制药企业担任过项目组合管理方面的主管，实施项目组合管理框架后，所有公司在以下几个方面都取得了重大进展：

- 在项目管理方面从叫停的项目上节省了约15%的成本（包括减少重复，整合项目和减少预算超支）；
- 提高了最具战略性项目的成功率；
- 加强了高级管理团队针对组织的战略重点和战略性项目的一致性和专注度；
- 最重要的是，培养了一种执行思维模式和文化。

我还注意到，许多领先的组织将项目组合管理作为其战略管理周期的一部分，其中的一些是家喻户晓的企业，如亚马逊、苹果、宜家、乐高和西联汇款。

人们普遍有一种误解，组织的所有项目都应该与它的一个或多个战略目标保持一致。然而，组织的现实情况却复杂得多，而且将所有项目与战略目标匹配是不可能的，我更倾向确保至少让最重要的项目和计划——比如前20个项目——与战略目标完全一致。

尽管有上述一系列明显的益处，但大多数管理者并没有充分理解项目组合管理。他们首先想到的是金融方面的组合管理——如何处理股票、股份和投资，很少有管理者能将组合管理的概念与项目和战略性计划联系起来。

项目组合管理提供了一个框架，来协助回答以下问题：

- 组织的战略目标是什么？
- 有了这些目标后，我们打算如何实现这些目标——通过项目还是日常活动？
- 我们应该投资哪些项目以实现公司的长期利益？
- 我们现有的和未来的财务与运营能力的最佳用途是什么？
- 如果突发经济衰退，我们是否可以叫停、暂停或延迟一些项目？

- 我们是否有合适的资源来领导这些项目？
- 项目的时间安排是否恰当？
- 如果项目失败怎么办？我们有B计划吗？我们是否从失败中吸取教训？
- 我们将会从每个项目中获取什么样的价值和利益？

项目组合管理框架最重要的几个方面：
- 一个用于收集和分析所有新的项目构想的结构性方法。这一公司范围的流程必须始终如一，这会使得下一步——对项目构想进行比较——变得更加容易，每个构想都需要有明确的理由和目的（"项目画布"的第一部分，见第五章）。

如果潜在的项目涉及大量的投资和资源的投入，则需要准备商业论证，包括财务相关内容（成本和收益）以及一些定性标准，如战略调整和风险因素评估。关于最具战略性的项目（如收购）的构想通常直接来自执行团队，而更具战术性的想法很可能来自中层管理人员和员工，关键是每个人都可以提出自己的项目构想，只是需要遵循相同的流程。

值得注意的是，项目不仅只涉及商业创意或研发，它们还需要处理组织改进、成本缩减、风险管控、法规（国内和国际）、资产报废（软件、硬件和设施）等问题。

- 一个用来对新的项目构想进行优先排序和选择的方法。正在进行的项目也应该被给予优先排序，尤其是在首次实施优先排序流程的情况下。选择项目构想的过程必须公平透明且要以商定的标准为基础，目标层级框架是一个促进优先排序的理想框架，其他的一些用来分析新创意的额外的标准包括传统的净现值、投资回报率、投资回收期、战略调整、风险、复杂性和相互依赖性。

项目组合管理需要交叉检验和验证，以确保所有的战略目标都有短期和长期的实现手段（和资源分配），要么是通过日常活动，要么是通过项目。选择项目的一个非常重要的标准是确保公司具备实施这一战略性项目所需的适当的技能和足够的可用能力，这些可以通过能力检测来判断。这项工作的主要意图是为管理层提供不同的场景，尽管大多数理论都坚称完全可以实现对项目的自动优先排序和选择，但最终的决策还是需要由高层管理者基于人类的智慧做出。

- **一个战略路线图**，上面列出将要执行的战略性项目。在这张路线图上，应该明确反映出公司的战略目的和目标。项目清单应反映出优先排序工作的结果，以便最相关的项目能够一目了然，这些项目需要管理层的更多关注。

如前所述，我们应该牢记项目是一个动态的概念：随着项目沿着生命周期向前发展，一些用来判断是否启动项目的原始参数（成本、效益、持续时间和范围）通常会被更改。这些变化可能会影响项目的盈利能力（或者是因为成本高于预期，或者是因为收益低于预期），也可能会对其他项目产生影响（由于总体预算和能力的限制）。因此，路线图的变更可能会发生，但高优先级的项目不应经常发生变动。

执行团队应该至少每年一次要求董事会对战略路线图予以增补和签核，然后对组织的各个层级进行传达和讲解。

- **一个管理机构**——投资委员会或项目审查委员会——用以确定组织应该投资的构想和举措，以及应该停止或延迟的项目，同时监督项目的成功执行，从而为公司创造价值，该委员会还负责定义公司的战略路线图。委员会在组织内的定位以及参与委员会的成员将在很大程度上决定整个项目组合管理框架的影响力和成功，建议最好让公司的首席执行官担任委员会主席，其余成员应该是执行团队。

该委员会应向董事会的风险委员会报告，并通过首席执行官定期向董事会汇报最新信息，强烈建议应该有一两位董事具备领导成功的大型战略项目的经验。值得注意的是，很少有公司能够成功地在所有部门实施项目组合管理框架，这些框架通常在IT、研发、供应链或技术部门内实施。为了实现工作的预期目标，委员会应监督所有战略性项目，打破孤岛并确保所有成员能够像一个公司一样更紧密地合作。

- **一个门户资金生命周期**，能够让执行团队进行有效的项目组合监控和项目资金控制。这个过程包括在项目的生命周期上建立三到五个标准阶段，例如可行性、启动、计划、执行和结束——每个阶段都有一个"门"。在每个阶段结束时，会对项目的可行性进行评估，并且释放资金，但仅限于接下来的阶段。如果项目没有按计划进行，或者如果组织的优先事项发生了变化，又或者市场出现了演变，那么这一门户系统会使得最高管理层能够有机会调整或取消项目，而不至于造成更多资源的浪费。

- **一个监测战略路线图执行情况的方法**，包括向高层管理人员和董事会定期汇报战略项目的进展情况，这些定期报告还有助于管理层快速应对市场变化并监督新项目序列。

- 项目组合管理应始终与两个组织范围的流程相关联：组织的预算周期和企业风险管理流程。从项目组合管理的角度审视风险管理的最传统方式，是从全局出发将所有项目的风险合并在一起。但如果高级管理团队的风险偏好偏低，他们往往会开展尽可能多的项目，以避免错过机会。而另一方面，如果高层管理者偏爱冒险，他们往往会关注较少的项目。做正确的项目，是另一种从项目组合管理角度出发去思考风险管理的方式，我认为这种方式将会在未来几十年内发展起来。

- 最后，**一个获取协同效应和效益的过程**，通过集成实现所使用的利益跟踪企业并购过程，协同效应是与整合计划中的特定里程碑相关联的。当一个带有协同效应的里程碑实现之后——例如，关闭一些商店——就可以计算收益并将其与计划进行比较。战略路线图中必须包括这些与特定的回报相关联的"实现协同效应的"里程碑,即使是在项目完成的节点上也应如此。通过这种做法,管理层可以监控项目组合的效益。

我将实施项目组合管理框架时应该牢记的最重要方面总结如下:
- 保持方法简单实用;
- 向主管陈述时使用业务和战略语言;
- 专注最重要的举措,而不是试图顾及所有项目;
- 将管理框架保留在高层,并且让过程简单化——不应该沉重或乏味;
- 制定明确的指示以确保新流程应用过程中的一致性;
- 让所有重要的利益相关者(业务单位、部门和职能部门)从一开始就参与到这个过程中;
- 让所有为项目做贡献的实体参与时间和成本的定义和估算。

面对项目革命的强势袭来,世界上的所有组织都必须实施项目组合管理,并将合理的项目组合管理作为其战略流程的一部分。

在项目驱动的世界里取得成功所需的技能

在一个项目日益增多的世界中,对强大的项目实施能力的需求每时每刻都在增加。只需在领英上搜索一下,就可以很明显地看到,越来越多的职位描述要求有良好的项目管理技能和经验。在我之前供职的两家公司中,一个主要的技能欠缺是能够横跨整个组织领导项目的人员。虽然我们通过直觉和实践在生活中学到了一些这样的技能,而且许多人可能已经成为项目领导者,然而现实是核心技能还是需要学习和训练的。

未来的项目负责人将是一名乐队指挥、足球教练，一个真正的团队合作者，一个能够聚集各种专业知识的不同人群，并且能够将不同的个体组建成一个高绩效团队的人。每个参与者都应该有一个明确的角色，能够感受到自己正在为实现项目的目的贡献自己的力量并得到他人的赞许。我坚信任何人都可以成长为一个成功的项目领导者，然而，这需要专注、承诺、决心、个人意识、渴望学习和在失败时的坚持不懈。我将这些在项目驱动的世界中胜出所需的主要品质分为以下五个类别。

基本技能

这些技能是项目画布中的硬技术领域，大多数是与项目的可靠定义有关。一个好的项目领导者应该能够利用现有的工具和技术来确定项目的基本理由和商业论证，他们应该能够与项目的主要贡献者和合作伙伴共同确定项目范围（无论是详细的设计、技术解决方案、产品，还是服务）。将项目范围分解为可管理的工作量，识别相互之间的依赖性，确定工作优先级并将工作转化为综合的项目计划能力，是这些类别中最重要的技能。每个人都能制订计划，但很少有人能够制订出明确而精准的计划。它需要对细节的理解——分析能力，以及对整体情况的把握——战略能力，风险识别和风险管控能力也很重要。项目开展之后，项目领导者需要制定报告机制，用以监控计划的执行，并确保执行充分的质量检查和测试。如果预计会出现延误，或计划会发生变化，一个好的项目领导者应该能够分析后果，并向项目发起人和指导委员会提供可行的替代方案。

> **如何获得这些能力**
>
> 我的建议是参加一个有关项目和项目实施的培训，或者一些为时一年的硕士课程。需要注意的是，这些课程的内容应该专注附加价值，而不是纯粹和传统的技术性项目管理。你的目标是获得一份认可的证书，借以认证你的知识技能，最常见的国际认证是项目管理协会颁发的项目管理专业人员（PMP）证书。此外还有其他一些认证，例如Prince2从业者认证，该认证在英国和英联邦国家得到了广泛认可，最后是国际项目管理协会颁发的证书，尽管它不太为人所知，但也是一个很好的补充。

技术专长

这些能力可以增加项目领导者在团队和项目利益相关者当中的可信度，而且能够帮助领导者们初步掌握项目的重要技术方面的内容，同时让他们具备用技术人员的语言进行沟通的能力。项目领导者不需要掌握太深的技术性技能，因为如果在技术方面太深入可能会导致最终倾向需要决定和完成大部分的工作，只要有能力可用来考察团队的理解程度就足够了。例如，如果某个项目是为了实现一个新的性能——监视应用程序，那么项目领导者就应该花时间理解软件的一些技术内容。

> **如何获得这些能力**
>
> 我的建议是保持好奇心和开放的心态，在未知的领域中启动项目时，最起码要做的是花些时间阅读文章、观看视频和查看分析报告。互联网会为我们提供大量的信息，某些慕课网站也会提供在线培训，可以加入这些课程认识一些专家，了解一些关键用语和行业面临的一些主要挑战。总结你的收获，尽管已经花了一些时间学习和理解项目的技术内容，但不要羞于承认，自己是这个行业或者课题的小白。要让别人看到你的求知欲望，并且感激那些向你耐心传授知识的人。不要忘记解释你的附加价值，以及你将会为项目带来什么。

对环境和业务的敏锐洞察力

要充分了解项目实施的环境，例如，如果一个项目是关于提高受教育机会的，那么优秀的项目领导者就应该对不同的教育体系进行深入的了解——哪些是最成功的，原因是什么，有哪几种可选项最能满足项目想要解决的特定需求。同样，在商业项目领域，项目领导者们应该最低限度地掌握项目的业务、目的、战略和目标、主要产品或服务、关键的竞争对手及重要的挑战，而对于这些因素的更多了解是一种资产，此外还应该了解财务方面的信息。如果能将项目成果及目标与具体的业务挑战和优先事项联系起来，这对于获得对项目的支持和取得项目的成功至关重要。只要能建立起这种联系，大多数利益相关者，包括高级管理层，都会更加支持项目和项目领导者。这一类别中最重要的能力，是从最初阶段开始就能确保让项目高度专注效益和影响，价值创造是项目驱动世界中最重要和最受追捧的能力之一。

> **如何获得这些能力**
>
> 与技术能力相似，环境和商业方面的能力范围非常广泛。如果是在商业领域做项目，获得上述技能的最佳途径是取得一个工商管理硕士学位（MBA）。MBA课程不便宜，而且需要大量的时间投入，但这些课程涵盖了大部分与管理相关的领域，并且能让你对商业的重要方面有一个全面深入的了解。除此之外，还有一些特定方向（创新、财务、战略等）的研究生课程，甚至包括一些在线课程（许多是免费的），这些对项目经理来说是很好的补充。

领导能力

变化的加速，复杂性的提高，优先事项的叠加，目标之间的冲突，寻求共识的文化，多代产品的同时运行——所有这些重要因素都使得项目的实施比过去变得更加困难。以往，有管理技能基本上就足够用了。但在今天，管理技能已经不再够用，项目经理必须朝着项目领导的方向发展，他们必须能够指引方向，传达进展和变化，评估、培养和激励员工，通过激励而不是权威来有效地与人员沟通（在矩阵中工作），迎接挑战，让项目发起人和高级领导参与进来，了解不同的文化以及利用这些文化，管理和说服多方的利益相关者，有时甚至是反对项目的利益相关者，在整个组织（通常是孤岛驱动、资源稀缺的组织）内建立沟通渠道，创建一支高绩效的团队，并投入足够的时间来培养和指导团队成员。

此外，现代项目领导者还必须能够做出有效的决策，积极主动，有纪律性，并且以成果为导向。最后但并非最不重要的一点是，项目领导者必须要有弹性，这是一种能够从生活所遭遇的任何困境和变化中恢复过来的能力——这或许是最重要的项目领导技能之一。

越南战争中的幸存者詹姆斯·斯托克代尔在谈到领导力时说："领导者的工

作分为三个部分：首先，领导者定义当前的现实；其次，领导者怀着对未来的美好憧憬审视现在；最后，在定义了现实并且看到未来的希望之后，设法采取措施带领团队朝向未来进发。"

如何获得这些能力

领导技能是最难传授和培养的，其中有一些稍微比较容易学习，比如沟通技能，但大多数领导技能都需要意识、时间、练习和坚持，有各种模型可以用来理解这一主题。在这一领域成长起来的最重要的一步是了解你的个人特征，以及自身的优点和缺点，你要承认自己不可能在所有领域表现优秀。选择一两个你打算在下一年培养自己的领域，你既可以自学（自我发展），也可以参加一个专业课程或聘请私人教练。

道德与价值观

项目领导者应具有强烈的道德感和个人价值观，领导力是人与人之间的关系，因此，从道德方面影响他人的能力是判断有效领导者的一个重要因素。

领导者通常是众人瞩目的焦点，是团队成员和组织的榜样。在项目驱动的世界中，几乎没有掩人耳目和不当管理的空间，因为项目实施的过程是非常明显的，而且需要快速思考。

道德、以身作则的动机和制订行动计划，是对领导力和项目成果产生积极影响的关键方面。当道德和价值观被列为优先事项并且受到尊重时，这将对领导力产生重要影响。

如何获得这些能力

道德是无法习得的——它是人的性格中的一部分。但是,你可以制定道德准则,作为你自身和项目的道德指南,同时,它也有助你在道德问题上引导项目团队。想要制定你自身或项目的道德规范,就应该先考察其他人和其他公司的道德准则,然后确定自己的价值观:我的真实信念是什么?我希望别人受到怎样的对待?我希望以什么样的方式对待他人?与你的团队分享成果,并且就他们是否愿意接受这些价值观展开讨论。一旦项目的道德规范得到认可,项目的每个成员都应该付诸行动和严格遵守,而且要从你开始。对于众所周知的"以身作则"这句话,没有比在道德领域更能凸显出它的重要性了。

在项目驱动的世界里,机器人和人工智能将完成大部分的日常和行政工作,以及大部分的专业性工作。从本质上讲,项目驱动的世界要求完成从超级专业化向广泛化,从技术专家向促进者,从经理人向领导者的重大转变。

然而不幸的是,今天的大多数学校都没有教授这些技能。在下一节中,我将分享一项合作研究的结果,该项研究调查了商学院是否在MBA中教授项目管理,其结果是令人震惊的。但还是有一些好消息的,我坚信任何人都可以通过训练和培养成为一个成功的项目领导者。

CHAPTER 08 项目再思考

项目领导者将成为未来的首席执行官

项目管理界普遍认为，项目经理是"项目的首席执行官"，也就是说，他们必须对指导委员会（董事会）负责，同时还要负责战略计划（组织绩效）的实施。如果情况是这样，那么为什么并没有更多的项目经理人真正成为首席执行官呢？

我相信项目领导者是，而且将会是，未来高管和首席执行官的最佳候选人。为了开展工作，他们必须将理论、现实、流程、财务、政治和人性所有这些截然不同的方面汇集在一起去创造效益和明确的结果。

项目领导者通常要横跨整个公司（业务、职能、地区等）进行项目管理，需要将组织视为一个整体，而不是从具体职能或单位的这种孤立的视角出发。项目领导者面临需要做出决策的压力，而这是成功的驱动因素之一。进入领导位置时，观察好的决策是如何做出的以及理解这些决策做出之前进行的分析，都是非常有价值的。如果一个人在管理企业级项目和从整体角度领导资源方面取得了成功，那么他应该是上升到C级职位（即高层管理人员）的有望成功的候选人。对于有兴趣朝这个方向发展的项目领导者来说，这应该是在某个行业或一系列相关行业中多年经验的自然结果。

然而，到目前为止，很少有首席执行官是从项目管理的职位晋升上来的，"下一任首席执行官"往往来自非常有限的渠道（要么是来自公司内部，要么是来自外部）。在商业领域，大多数的首席执行官是来自以下领域：

- **金融**：如果公司需要控制成本和/或削减成本；
- **销售或营销**：如果公司需要增加收入并且专注业务发展；
- **研发/IT**：如果公司技术驱动力很高；

- **运营**：通常情况下，首席运营官负责企业内部运营，所以这一晋升也是正常的。

我所要提出的问题是：与项目的领导经历相比，这些领域中是否有任何一个能够为高级管理人员提供更好的经验和曝光度？

我只听说过极少的几个项目管理从业人员晋升到首席执行官位置的例子。其中最著名的是艾伦·穆拉利（有关详细的信息和访谈，请参阅第六章中有关波音777的部分）。艾伦是一位美国工程师，业务主管，福特汽车公司前总裁兼首席执行官，他于2014年7月1日从福特退休。福特在21世纪后期经济衰退期间一直处境艰难，但在艾伦的领导之下又回归了盈利状态，并且是美国唯一一家没有要求政府提供救助资金的主要汽车制造商。

另一个很好的例子是西门子2005年至2007年间的首席执行官克劳斯·克莱茵菲尔德，他创立并领导了西门子管理咨询集团，亲自领导了一系列全球西门子工业集团的项目。这一经历使他对西门子的多个部门有了非常广泛的了解，与此同时，他也多次证明自己是一个执行力很强的人。

在美国国防工业中还可以看到其他一些例子。诺斯罗普·格鲁曼公司（Northrop Grumman）前董事长兼首席执行官肯特·克雷萨（Kent Kresa）在其职业生涯的上升期间，曾有一段时间担任该公司一些主要项目的项目经理。

公共部门的情况是截然不同的，高层职位通常是被分配给党内的领导者的，这些人往往是公职人员。虽然他们的很大一部分职责是政策实施——主要是项目——但他们几乎没有扎实的项目管理经历。然而，一些例外的情况让我们看到，如果国家领导者有执行的经验，这些国家往往具有更佳的表现和更好的生活水平。一个最好的新近的例子是阿根廷总统莫里奇奥·马克里（Mauricio Macri），他是一名受过专业教育的土木工程师，并且拥有丰富的私营企业大型项目管理经验，他的切实可行的方法让这个易受危机影响的拉丁美洲国家走上了一条积极的道路，而卢旺达总统保罗·卡加梅则展示出了另一个远见卓识和"实干"技能的伟大组合。

然而，相对于领导者往往来自非项目背景的这一趋势，这凤毛麟角的几个杰出个体实属例外。我把他们重点提出来，是因为稍后我们在讨论项目领导者如何提高其成为高层管理者和领导者的机会时，这些人的故事会为我们提供一些答案。

成为一名出色的高层管理者需要哪些技能和能力

成为一名高层管理者是一个主管人员能够在职业生涯中取得的最大的一次飞跃，能让这一转变如此不同寻常的，当然是成功管理所需的角色和技能的复杂性。那么，总裁和首席执行官究竟有哪些特质是普通员工所没有的呢？

成功的首席执行官有能力在业务成果的交付中实现股东价值的最大化，股东价值是根据EVA（经济增加值）或其他指标（如每股收益、利润或销售额）衡量的。同时，他们还必须实现其受聘时所制定的所有其他战略目标。人气和个人魅力会有很大帮助，因为情商能够提升领导力。

我们可以从2015年的一项研究中了解到许多关于个人发展和职位晋升的信息，该研究发现，有超过70位财富500强企业的前任和现任首席执行官都是麦肯锡校友。2011年，有150多名麦肯锡校友经营着年销售额超过10亿美元的公司。乐高就是其中非常成功的一例，乐高于2004年任命前麦肯锡顾问约恩·维格·克努德斯托普（Jørgen Vig Knudstorp）为首席执行官，约恩成功地让这家传奇的丹麦公司起死回生，把它从破产的边缘拯救回来。事实上麦肯锡的顾问本质上就是项目的领导者：他们的核心业务是为客户执行项目，但同时他们也非常精通内容（技术专业知识），并且对业务和环境都有很高的敏锐度（他们通常拥有MBA学位），正如前面所讲过的，这些是成为高层领导者所需的完美的要素组合。

全球领先的猎头公司之一罗盛咨询（Russell Reynolds），分析了近4,000名管理者的特征，其中包括130多位首席执行官，最后发现了三大类的九个特质，这些属性就是关键的区分因素。

- **前瞻性思维**：规划未来的能力。
- **勇敢刚毅**：在复杂和困难的环境下有效执行的能力。
  审慎地冒险：喜欢审慎地而不是无所顾忌地去冒险；
  偏重于（经过缜密思考的）行动：偏重于执行但不会太冲动；
  乐观：积极乐观地追求新的机会；
  建设性地坚持己见：能承受批评，坚持不懈，但不会过于迟钝。
- **团队建设**：通过他人取得成功的能力。
  能有效地理解他人：寻求理解不同的观点但不做过度分析；
  沉稳的情绪：能体现出情感和情绪，但能保持控制；
  务实的包容：让他人参与决策，但同时也是一个独立的决策者；
  有信任的意愿：乐于接触各种各样的人，但不会过于信任他人。

从罗盛的研究结果我们可以看出，经过前面提到的几个培养阶段，项目领导者实际上就会表现出所有这九个特质。因此，我们可以得出结论，在项目驱动的世界中，首席执行官和总裁很可能将会具备，或者需要取得坚实的项目实施经验。

我认为，尽管这两种能力有非常相似之处，单凭项目管理技能却不能成就一名优秀的首席执行官。但是，项目管理经验应该是许多首席执行官必须具备的能力。我最近听说，国际领先消费品跨国企业宝洁公司（P&G）将一年时间的项目管理经验纳入了其高潜员工的职业发展路径，这预示着企业已经开始朝着正确的方向发展。

能提高成为首席执行官的机会吗

我们已经知道，项目经理在整个职业生涯中将会发展出一些核心技能，这些技能对于未来的首席执行官来说是非常坚实的基础，除此之外，想要成为一名真正的首席执行官，你还需要培养一些其他的技能。

- 你需要有一个**愿景**，去创造能够为组织带来经常性收入和增长的东西。
- 你需要以结果为导向，并且专注于实现项目的效益和影响力。成为首席执行官的一条常见的途径是销售，销售也是一个以结果为导向的岗位。此外，成功的销售往往需要游走于潜在客户的政治环境以期达成交易——这是一项需要掌握的有用技能，那些创造收入的人总是会更引人注目。
- 承担项目之外的损益责任，这一点可通过获得业务部门（业务线）管理经验来实现。
- 提高组织智商，一般来说，最优秀的项目经理通常不是企业中最受欢迎的人。虽然他们也有外交技巧，但他们不会只是为了做个好好先生而牺牲项目的目标或期限，而且他们不会花大量时间去搞内部政治。
- 不要忽视软性技能，包括个人魅力、政治技巧和战略愿景，以及诸如心理学、金融、销售和营销等辅助学科的持续教育。我总是说，拥有与一名成功的首席执行官的潜质相关的最佳技能组合，是那些已经完成MBA学业并且能够成功交付项目的人。
- 最后但并非最不重要的是，培养你的企业家技能。成为一名成功的企业领导者，通常需要具备承担风险、推动创意和激励他人的能力。

总之，大多数的项目经理都具备晋升至高层的技能，剩下要做的就是要有自信，要不断学习，多花时间去了解业务。多数项目经理所面临的最大障碍是理解，成为高层领导所需要的不仅仅是规划和组织技能，还需要真正地悉知战略规划、销售和营销。要成为一名首席执行官，项目经理需要了解业务或组织的运作方式，包括关键的价值驱动因素、历史、产品和服务、市场和竞争，同时还应该是一个有远见的人，要眼观六路，耳听八方。

教育机构和商学院如何才能培养出更好的项目领导者

正如我在第三章中所讲的,人类自存在之初就开始实施项目,项目是我们生活中固有的不可或缺的一部分。人们终其一生都在实施着项目,然而,令人惊讶的是,我们当中却很少有人学习过如何实施项目,而那些确实学习过的人主要是出于个人兴趣和动机。尽管还没有任何统计方面的证据,但我们还是可以稳妥地断言,从目前的教育大纲来看,中学、大学和商学院都没有教我们如何成功定义、规划和实施项目。

很难解释为什么我们的整个教育体制存在着如此重大的缺陷,然而,我们还是能够看到即将到来的教学方法上的改变,具体而言,它涉及基于项目的学习的转变,这将对未来新生代在项目的理解和掌握上产生积极影响。

在过去几年里,我所广泛研究的一个领域是高管教育,特别是工商管理硕士。我之所以关注这一领域是为了证明,尽管商学院声称它们是在培养和准备未来的领导者,但它们却忘记了教授未来的领导者如何成功地领导项目。据《财富》杂志报道,每年都有约40%的标准普尔500指数(S&P500)首席执行官拥有MBA学位。到目前为止,这是这类高管们持有最多的学位,25%至30%的标准普尔500指数首席执行官拥有其他类型的高级学历,如博士或法学学位。

我在伦敦商学院攻读MBA学位时,发现它没有提供必要的项目管理课程,当时我就有了进行这项研究的兴趣,在2012年展开了我的第一次研究,结果是令人沮丧的。根据英国《金融时报》2010年世界顶级商学院的排名,在前100名的MBA课程中只有两个将项目管理作为核心课程。第一所要求学生学习项目管理课程的商学院是英国克兰菲尔德管理学院,该学院在世界排名第26位。第二个也是最后一个将项目管理作为必修课程的商学院是世界排名第64位的爱荷华大学的蒂皮商学院。

2017年,我与博科尼大学教授马可·桑比特罗(Marco Sampietro)博士进行了类似的研究。我们注意到一个略微积极的趋势:前100所商学院的强制性项目管理课程数量从2012年的两个,增加到2017年的排名前200位中的14个。

对于越来越多的员工、经理人和高管来说，项目管理应该是一项核心技能。然而，尽管许多员工对项目管理培训的需求通常已经有了充分的理解，但是我们有足够的证据和丰富的高管教育经验可以证明，这些新能力的培养及其必要性还没有在高管当中得到充分的理解。对于经理人和高管在项目管理中的角色存在普遍误解。通常情况下，他们认为项目管理可以完全委托给优秀的员工，而高管和董事在其中扮演的角色是有限的。

那么未来的经理、高管和董事应该到哪里学习领导企业所需的技能？他们中的许多人会在一所顶级的商学院攻读MBA学位。事实上，商学院是尤为重要的，因为众所周知，它们的目的是打造新生代领导者和提高现有领导者的能力。

2017年研究的主要结果

全日制MBA：只有4%的顶级商学院将项目管理作为其核心课程的一部分

该项研究中的197所商学院共提供379个MBA课程（请注意，60%的商学院提供多种类型的MBA课程）。在这379个MBA课程中，有137个（36%）包含了项目管理课程，这或许是一个很乐观的数字比例，但绝大多数项目管理课程都是作为选修课，而不是作为必修课被纳入核心课程。选修课是参与者从大量的科目中选择的课程，因此，这种情况并不能保证MBA毕业生都能获得项目管理的能力。该项研究彰显出一个令人担忧的事实，即在这137个项目管理课程中只有15个是必修课，这意味着这197所顶级商学院的MBA课程中只有4%提供了这些基本的能力。

MBA课程	379
项目管理——选修课	122
项目管理——核心	15

行政工商管理硕士：只有2%的顶级商学院将项目管理作为其核心课程的一部分

我们来看一下具有较长工作经验的参与者的EMBA，EMBA的学员通常扮演管理角色，并且是通过兼职的形式完成学业，在这类课程中，项目管理的课程在减少。在248个EMBA中，只有29个（12%）提供了项目管理课程，其中24个是选修课，只有5个是必修课（2%）。

EMBA课程	248
项目管理——选修课	24
项目管理——核心	5

十大商学院：仍然非常令人失望

如果我们看一下各种排名榜单中前十的商学院，我们会得出令人震惊的结论：在13个EMBA课程中，竟然没有一个提供项目管理课程。

较为积极的趋势

虽然项目管理在MBA和EMBA中的传播度不是很高，但我们还是应该考虑一下它在近年来的发展。我在2012年进行的一项研究显示，25%的商学院在MBA中开设了项目管理课程（包括核心课程和选修课程），而现在这一比例为36%，可见有不小的增长。

如果我们单看将项目管理作为核心技能的MBA课程，2012年顶级商学院的MBA中提供项目管理课程的只有两个，而今天这一数字是15个。这当然是非常积极的消息，仅仅五年后，顶级商学院提供的项目管理课程的数量就出现了显著的增加。或许近年来还没有其他学科经历了如此之快的增长。但是，现有的传播水平还不能说令人满意，项目管理是每个MBA毕业生在其职业生涯中必须具备的能力，而大多数商学院却怎么可能不去欣然接受？

商学院忽视项目和项目管理的五种解释

第一种解释：项目管理是每个人都可以"通过做"就能习得的技能。人们通常认为，根本没有必要为此采取正规教育，去学习项目管理的基础知识或者掌握这一老旧的（而今变得正规化的）职业工具和技术是不值得的。由此可以推导出一个假设，即组织在实施项目方面非常成功。然而从项目管理协会在2016年进行的一项研究以及本书第四章中所强调的内容可以看出，一种令人沮丧的趋势已经显露：在项目上浪费的资金在增多。据项目管理协会估计，花费在项目上的每10亿美元中，平均有1.22亿美元是由于不良的项目业绩被浪费掉的。

第二种解释：所有MBA课程学员都已经具备了项目管理的技能和能力。根据本人在一些顶级商学院教授该科目的经验，这种情况只占15%至20%。我在过去十年中教过的绝大多数MBA学员都从未学习过成功管理项目所需的技能。大多数人在短期的职业生涯中接触过项目，而且有些人已经高度深入到项目管理的环境中，但他们实施项目的方式却远不能被看作是好的方法。EMBA学生当中也同样存在这种趋势，而这是更令人感到惊讶的。所有这些人都在他们的职业生涯中处理过项目，但很少有人（大约10%）在他们的职业生涯中接受过任何项目管理方面的培训。

第三种解释：许多MBA学员起初并没有将项目管理视作他们职业生涯的核心技能。从研究参与者提供的定性反馈可以看出，情况往往如此，但还有一些人即使在学习完课程后也没有改变想法。这种误解的根源是什么？原因可能有很多，但其中尤其相关的一个是：人们常常认为项目管理只是项目经理的事，但现实情况是，项目管理是关系到项目环境中的每个人的技能。这种误解的根源还可能来自庞大的项目管理知识体系（书籍、文章等），这些知识几乎完全是以项目经理作为对象的——这也是本书试图解决的问题。

第四种解释：商学院并不完全了解经理人和主管在项目中的作用和责任。尽管商学院都会宣扬快速变革的必要性，但在适应市场所要求的新的能力方面，它们却行动迟缓。从与一些MBA主任的讨论中也可以看出，他们也倾向将项目管理降级至技工类的角色,许多项目管理教授在大学和商学院的执行部门工作也绝非巧合。项目管理依旧常常被视作工程、IT或技术类的学科,致使人们忽略了其管理方面的成分,以及许多项目在组织转型中所起到的战略性作用。如果我们思考一下项目管理课程的类型,也会找到部分支持这种解释的证据。绝大多数课程的名称只是"项目管理",只有少数的几个侧重与经理人和主管相关的主题(例如"战略项目管理""项目组合管理"或"项目发起")。

第五种解释:商学院缺乏项目管理的能力。虽然这种解释可能听上去不大可信,但它却往往是真实的。事实上,MBA的许多科目与正规职业道路或角色相匹配(MBA的教职人员主要包括营销、会计、财务、人力资源等方面的教授),然而项目管理在许多大学和商学院中却极少是一条职业发展途径。作为这一论断的证据:全世界只有少数几个项目管理专业的教授,而且许多项目管理的教授同时也(或者主要地)致力其他科目,因为这些科目可能会有助于事业的进一步发展。

如何提高项目管理在顶级商学院的传播度

基于问题的根源,有几种方法可以弥补这种差距。

在商学院方面,院长和MBA课程主任需要认识到,项目管理已成为世界各地组织最需要的技能之一。执行已经成为他们的一个最高战略点,项目管理是实现这一目标的唯一途径,有必要向学生更好地解释项目管理的真正含义。

在组织方面,主管人员和人力资源部门已经开始认识到有必要在组织的各个方面利用项目管理能力。只拥有项目经理是不够的,一些领先的组织正在建立公司项目管理办公室,制定项目管理培训课程,以及为项目专业人员铺设职业发展道路,他们要求高潜力员工具备成功的项目经验,这些证据都说明这种趋势只会持续下去。

在知识方面,这个问题比较难以处理。事实上,并非所有参与传播项目管理智慧和专业知识(通过课程、咨询、书籍、论文、案例研究等方式)的人都具有相应的能力或地位，从而能有效地以经理人和主管人员为目标对象，并且让他们意识到项目管理不仅应该成为其下属员工的核心能力，而且也应该是他们自己的。

在学生方面，想要成为真正的领导者并事业有成，学生们应该仔细甄选自己想要申请的商学院，应该选择一个包含深入详尽的项目管理课的MBA或EMBA课程。

CHAPTER 09
项目宣言

项目革命成为现实还需哪些条件?

CHAPTER 09 项目宣言

我们认识到，项目对社会和整个人类具有深远的影响，我们也认识到，可以通过更好的方式成功实施项目并且帮助他人取得同样的成功，通过这项工作：

1. 我们认为，政府通过项目实施政策，国家通过项目获得发展，社会通过项目取得进步；我们相信，项目能够让想法变成现实。如果有一天贫困从地球上消失，那么将其变为现实的，将会是项目。

2. 我们认为，从高级管理层直至个人的职业和人际关系，项目是政府、企业和个人世界的通用语言。

3. 我们正在揭示一个新的巨大的颠覆力量，在这个加速变革的新现实里，我们生活中越来越多的方面都受到了项目的驱动，组织中越来越多的方面正在成为项目，项目已因此成为每个人职业生涯和人生旅程中的基本要素。

4. 在一个日益自动化和机器人化的世界中，我们将项目视为最以人为本的工作方式。

5. 我们相信，组织的敏捷性是通过项目实现的。项目能够突破孤岛，减少管理层，创建高绩效的团队。

6. 我们认识到，初创企业和组织可以通过项目实现创新、发展和转型，创造长期价值，实现企业愿景和战略目标，创始人、企业家和首席执行官是最终的项目领导者。

7. 我们将生活视作一系列的项目，学习已经成为项目，职业生涯也已经成为一系列的项目。

8. 我们的首要任务是更好地交付项目，降低失败率，为个人和组织创造更多价值，并让整个社会和经济更加可持续地发展。

9. 我们看到，项目和项目管理的受重视程度很低，领先的商业思想家、管理类出版物和商学院始终忽视项目和项目管理。我们相信，在过去几年里，这种缺陷正在得到纠正。

10. 我们认为，基于项目的教育是学生和成年人最好的和最经得起时间检验的学习经历。

11. 我们要承认项目和项目执行能力对所有管理和领导职位至关重要，我们期望它成为每所院校及所有本科课程的一部分，在每个商学院的MBA课程中教授这门课程。

12. 我们主张，将项目和项目管理认定为一种职业。